Doris Burger

Kleines Untersee-ABC

Die feine Ecke des Bodensees

Husum

Neues vom See

Am meisten haben wir uns über „Biedenkopf in Friesland" gewundert. Bei einer Lesung auf der Mettnau in Radolfzell versicherten Kurgäste glaubhaft, dass sie aus Biedenkopf in Nordhessen kämen und dieses Biedenkopf das einzige in Deutschland sei. Von dort stammt auch der Bildhauer Ubbo Enninga, der die Bronzestatue →*El Niño* schuf. Sie wussten zudem, dass in Biedenkopf dieselbe Statue steht, die jedoch an einem künstlichen Was-serbecken platziert wurde, sodass sie immer die optimale Position hat. Nicht wie vor der Mole in Radolfzell, wo die Figur des Schwimmers mal ganz verschwunden ist oder, noch häufiger in den letzten Jahren, völlig auf dem Trockenen hockt. Eine Jahrestide von 2,80 wie am Untersee macht einen echten Unterschied. Wir hatten nach der Lesung noch einen sehr lustigen Abend, haben uns von Irrtümern und Fehlern berichtet und wie wir mit ihnen umgegangen sind. Über den Hinweis der Kurgäste bin ich

Die Mettnau-Promenade ist zu jeder Jahreszeit ein Ort der Entspannung.

sehr froh, fünf Jahre lang war der Fehler niemandem aufgefallen. Dagegen hatten bei Erscheinen der ersten Auflage die Expertinnen in Moos sofort moniert, dass von „roten und gelben Bülle" die Rede war. Ihre Bülle sei die Höri-Bülle – und die ist nun mal braunrosa. Dabei war und ist doch Bülle einfach das alemannische Wort für Zwiebel und wurde auf dem Wochenmarkt auch so gebraucht. Doch die 2014 mit dem Gütesiegel der geschützten Herkunft geadelte Höri-Bülle ist natürlich unvergleichlich, neben ihr muss jede andere Bülle verblassen. Details finden Sie weiterhin unter dem Stichwort →Büllefest.

Bei manchen der kleinen Irrtümer aus der ersten Ausgabe dieses Buches konnte ich nachvollziehen, wie es dazu kam, bei anderen nicht mehr. Gottlieben ist mit seinen 300 Einwohnern bis heute eine selbstständige Gemeinde und hat eine eigene Schule. In der Schweiz, wo die Bürger direkt mitbestimmen, geht so etwas. Die vermeintliche Eingemeindung stand in einem ansonsten gut recherchierten Buch zu Schlössern und Burgen. Nebenbei: Man sagt „die Badi" in der Schweiz, denn das kommt von Badeanstalt, und „der Munot". Der Fischer aus Öhningen heißt Martin Dietrich und der Fisch Kretzer, klar doch (→Felchen). Nun stimmt auch die Bildunterschrift.

Fehler passieren, aber man will sie aus der Welt schaffen. So haben wir nochmals die große Rundtour unternommen, den Fischer besucht und Gottlieben, das Lädele in Schienen und den Munot. Entstanden sind viele neue Texte, denn stetig gibt es Neues zu entdecken. Manche Stichworte mussten wegfallen, wie die Marienschlucht, die seit einem Erdrutsch 2015 gesperrt ist. Vieles aber ist noch immer gleich: gleich schön, gleich sehenswert. Die Landschaft rund um den Untersee begeistert uns noch genau wie am ersten Tag, und wir sind froh, gerade Radolfzell als Wohnort gefunden zu haben. Acht Jahre leben wir nun am See, eine glückliche Wahl. Auch meinen Leserinnen und Lesern wünsche ich eine glückliche Zeit hier und viele wundervolle Entdeckungen. Und sollten Sie etwas besser wissen: Ich freue mich über Ihre Post! So bleibt das Buch nicht nur lebendig, sondern auch immer aktuell.

Doris Burger

Aach

Wer von Radolfzell aus Richtung →Höri fährt, ob mit dem Rad oder dem Auto, wendet unweigerlich den Blick nach links, sobald er die Brücke über die Aach quert. Denn hier sieht man über das Schilf hinweg und über die Aachmündung auf den See. Enten und Haubentaucher rasten auf dem Wasser, ein Angler sitzt am Flussufer und wartet geruhsam auf den nächsten Biss.

Radolfzeller Aach heißt der Fluss nach seinem Mündungsgebiet oder auch Hegauer Aach: Denn er entwässert den ganzen →Hegau. 32 Kilometer ist die Aach lang und im Mündungsdelta kurvenreich verschlungen. Seit 1992 wird das Gebiet renaturiert, und jeden Januar macht sich eine Gruppe von Naturfreunden auf, die Fortschritte in Sumpf und Schilf zu beobachten. Anfang Januar tagen rund 1000 Naturschützer in Radolfzell, abwechselnd unter Federführung von BUND und von NABU. Andere Exkursionen führen sie ins →Wollmatinger Ried oder an den →Mindelsee.

Es ist ein lohnendes Unterfangen, dem Flusslauf zu folgen. Ein Radweg beginnt in Moos, führt zunächst in respektvollem Abstand zum Fluss Richtung Bohlingen, dann nach Worblingen zum ersten Schwimmbad am Weg, dem „Naturbad Aachtal". Dunkel ist der Untergrund, das Wasser stammt aus unterirdischen Quellen, es reinigt sich selbst und ist nicht gechlort.

Ab hier folgt der Radweg dem Fluss über Rielasingen bis →Singen am Hohentwiel, wo das weitläufige „Aachbad" sommers die nächste Erfrischung bietet. Die Aach samt Radweg läuft nun parallel der Eisenbahnlinie. Spaziergänger und Jogger folgen dem Weg zu jeder Jahreszeit, das Wasser des Flusses rauscht klar über die Kiesel und das kräftig grüne Wassergras, das wie Feenhaar in der Strömung weht.

Über Hausen und Beuren geht es weiter bis zur Endstation des Flüsschens: dem verträumten Ort Aach. Dessen berühmteste Sehenswürdigkeit ist der Aachtopf, die gefasste Aachquelle, nebenbei gesagt die stärkste Quelle Deutschlands. Hier kommt der Clou der kleinen Aach, den auch Besucher spannend finden, die Geologie nicht zu ihren Hobbys zählen: Das Wasser der Quelle stammt zum größten Teil

Der Aachtopf beim Städtchen Aach ist 18 Meter tief und die größte Quelle Deutschlands. Im Frühjahr sprudelt das Wasser oft heftig, fast wie in einem Kochtopf.

aus der Donau, die zwischen Immendingen und Möhringen und bei Fridingen im Karstgestein versinkt. Knapp zwölf Kilometer fließt es unterirdisch, durch mehrere Hohlräume bis zum Aachtopf. So wird ein Teil der Donau über die Aach in den Untersee und damit in den Rhein umgeleitet. Alle Geheimnisse der Aachhöhle sind noch längst nicht erforscht: So entdeckten Höhlentaucher erst 2016 eine Schmerle, einen Höhlenfisch, 8,5 Zentimeter lang, einzigartig, blind und vollkommen adaptiert an den ungewöhnlichen Lebensraum.

Ach und die Aach: Das Wort stammt in beiden Schreibweisen vom althochdeutschen „ahe" ab, wie der Konstanzer Autor Patrick Brauns weiß. Und deshalb heißen viele Flüsse rund um den Bodensee „Ach" oder „Aach", weshalb Besucher gut aufpassen müssen, damit es nicht zu Verwechslungen kommt.

Allensbach

Als „Wiege der Meinungsforschung" kennt man Allensbach, auch als Wohnort der Bestsellerautorin Gaby Hauptmann: „Suche impotenten Mann fürs Leben, schrieb sie 1995, „Nur ein toter Mann ist ein guter Mann" folgte im Jahr darauf. Seither brachte sie jedes Jahr einen neuen Roman heraus und verkaufte bis heute mehr als acht Millionen Bücher. Seit dem Frühjahr 2019 talkt sie zudem im Südwestfunk, gedreht wird die Sendung in der ehemaligen Stiftskirche St. Johann in Konstanz.

Gaby Hauptmann war allerdings keineswegs die Erste, die vom Bahnhof

Die Barockkirche ist das Wahrzeichen im Dorf Allensbach. Hier vom See aus gesehen

aus auf Lesereise ging. Die 7000-Einwohner-Gemeinde ist ein Hort der Kultur – und der Kulturschaffenden. Einen besonderen Lichtblick bietet das →*Mühlenweg-Museum* im Obergeschoss des Bahnhofes. Raffiniert zeichnet es das Leben von Fritz Mühlenweg nach, einem Maler und Bestsellerautor der 50er-Jahre. Die Familie Mühlenweg war eng mit der Familie →*Otto Dix* aus Hemmenhofen befreundet, häufig besuchten sie sich gegenseitig. Man kannte sich am Untersee. Und kennt sich bis heute.

Das bereits 1947 von Professorin Elisabeth Noelle-Neumann gegründete Institut für Demoskopie Allensbach (IfD) stellt seine Arbeit inzwischen auch der Öffentlichkeit vor, eine informative Ausstellung wurde im Heimatmuseum hinter dem Rathaus eröffnet. Geöffnet hat sie donnerstags, während der Hauptsaison auch samstags und dienstags. Genaue Zeiten, aktuelle Tipps und Termine können sich Besucher im Bahnhof abholen. Ebenso für ein „Blind Date" mit der Kultur oder das nächste Konzert der Reihe „Jazz am See", wofür man frühzeitig Karten kaufen sollte. Denn seit über zwanzig Jahren kommen international renom-

Sängerin Betina Ignacio, genannt Bê, beim Konzert am Seegarten

mierte Künstler dabei ins kleine Allensbach am Untersee.

Apropos See: Traumhafte Sonnenuntergänge mit weitem Blick über den Untersee und die Insel Reichenau können Besucher am Seegarten genießen. Dort finden sommers die beliebten Open-Air-Konzerte des Badeortes statt: „Umsonst & draußen" heißt die Reihe, bei der die Sängerin Bê auftritt oder die Dagmar Egger Band. Die Jazzformation um die stimmgewaltige Sängerin Dagmar Egger wohnt ebenfalls ganz zufällig am Ort: in Allensbach.

Arenenberg

Den wohl schönsten Blick hat man vom Panoramaerker des vorderen Salons aus, dem Lieblingsplatz von Königin Hortense. Die Gäste der Königin, weit gereiste Damen aus ganz Europa, sollen bei der Aussicht gerne geseufzt haben: „Der Golf von Neapel en miniature", um anschließend graziös in Ohnmacht zu sinken.

Solcherlei Anekdoten erzählt Dominik Gügel, Schlossherr im Napoleonmuseum, dessen kenntnisreiche Führungen durch Schloss und Park ein besonderer Genuss sind.

Das Schloss Arenenberg wurde Raum

Blick in den Salon: Besucher sollen sich fühlen, als seien sie bei Königin Hortense zu Gast.

für Raum renoviert, Tapetenstückchen für Tapetenstückchen, um möglichst orginalgetreu zu zeigen, wie die kaiserliche Familie seit 1818 hier, im Exil, gelebt hat. Königin Hortense zog in den Räumen ihren Sohn Louis Napoleon auf, den späteren Kaiser Napoleon III. – stets mit Blick nach Westen, Richtung Paris, wo sich die Hegauvulkane am Horizont abzeichnen.

Die Königin hielt auf dem Arenenberg Hof, ihre Gäste logierten zunächst in den Gasthäusern von Konstanz, bevor sie eine Audienz oder eine Einladung zum längeren Aufenthalt erhielten. Dann ließen sie ihre Kutschen einspannen und rollten über die geschwungene Auffahrt via →*Ermatingen* heran, durch die „Laubgänge von großen Obstbäumen", wie eine Zeitzeugin, die Journalistin Klara von Greyerz, 1837 berichtet. Im Rückblick und in großer Trauer schrieb sie diese Zeilen, denn 1837 war zugleich das Todesjahr von Königin Hortense de Beauharnais. Im Salon können Besucher den Aufzeichnungen mit einem Kopfhörer lauschen. Der Kaiser selbst kam später nur noch ein Mal zurück auf den Arenenberg, im Jahr 1865. Nach seinem Tod schenkte seine Frau Eugénie das

Der Park wird vom Schloss aus durch mehrere Treppenwege erschlossen.

Anwesen 1906 dem Kanton Thurgau. In den Dépendance genannten Nebengebäuden richtete der Kanton eine Landwirtschaftsschule ein, baute Turnhallen und weitere Räume hinzu, und ließ den Abraum einfach über die Steilkante kippen, geradewegs auf den einstigen Lustgarten der Kaiserfamilie. Dort schlummerte er Jahrzehnte lang im Dornröschenschlaf, bis er unter der Regie von Museumsdirektor Dominik Gügel wieder ausgegraben wurde. Durch die weise Voraussicht eines kaiserlichen Hofgärtners waren die Grotten, Springbrunnen und Wege unter einer Torfschicht gut erhalten – und können jetzt wieder in bestem Zustand bewundert werden. Ein Spaziergang im Park und ein Besuch im Schloss Arenenberg gehören zu den absoluten Highlights am Untersee.

Nächste Seite: Das Schloss ist ein Bijou, mit dem königlichen Logenblick über den Untersee.

Baden, das Land

Wer glaubt, Süddeutschland sei Süddeutschland, wird am Untersee schnell eines Besseren belehrt: Das hier ist Baden, genauer Südbaden. Wenn es nicht eben die Schweiz ist, denn dann sind wir im Kanton →*Schaffhausen* oder im →*Thurgau*. Der Dialekt heißt Badisch,

Schloss Salem und seine Gärten sind einen Ausflug über den See wert.

und wer das mit dem Schwäbischen verwechselt, zieht den Unmut der Einheimischen auf sich.

Die Geschichte Badens ist lang und wechselhaft. Im Jahr 2012 feierte das Fürstenhaus Baden bereits sein 900-jähriges Bestehen: mit einer Ausstellung in der früheren Landeshauptstadt Karlsruhe und einer zweiten in Salem, Sitz der Markgrafen von Baden. Letztere wurde von Markgraf Max von Baden und seinem Sohn Bernhard Prinz von Baden persönlich eröffnet. Noch heute verfügen die Markgrafen über ausgedehnte Ländereien und produzieren besten Wein, das Schloss ist größtenteils vermietet und beherbergt ein bekanntes Internat. Abwechslungsreich für Besucher sind die Weinführungen, bei denen einige Tropfen verkostet werden können. Lohnend im Sommer das Open Air im weiten Schlosshof.

Ganz freiwillig nahm die Familie ihren Adelssitz nicht am See: 1808 hatte sich Prinz Ludwig (1763–1830) mit Napoleon I. überworfen, wurde in Karlsruhe seiner Pflichten entbunden und zog daraufhin nach Salem. Immerhin hat Baden Napoleon I. einen erheblichen Flächengewinn zu verdanken, es wur-

Flagge zeigen – das badische Wappen ziert eine Scheunenwand in Iznang.

de als Großherzogtum zum respektierten Staat und gab sich 1818 eine für die damalige Zeit sehr liberale Verfassung als konstitutionelle Monarchie.

Nach dem Ersten Weltkrieg wurde Baden, das 1871 dem Deutschen Reich beitrat, zur Republik. Im NS-Staat gleichgeschaltet, zerfiel es 1945 in zwei Besatzungszonen, die amerikanische in Nordbaden und die französische in Südbaden. Als Bundesland konnte es sich nicht wieder bilden, denn 1952 wurden die Südbadener in einem Volksentscheid überstimmt – und in das Land Baden-Württemberg eingegliedert. Die Landesregierung sitzt in Stuttgart und wird von Württembergern dominiert, was immer wieder zu empörten und gleichwohl erfolglosen Protesten gegen Stuttgarter Entscheidungen führt. Eine der jüngsten war die Entscheidung, das Sinfonieorchester des Südwestrundfunks aus Freiburg abzuzie-

hen und den Sitz nach Stuttgart zu verlegen. Auch die Verkehrspolitik richtet sich keineswegs nach den Interessen der badischen Peripherie, was man am Bahnprojekt „Stuttgart 21" studieren kann. Die Zugverbindungen zum und am See sind empörend schlecht und dauern ewig, etliche Strecken sind nicht elektrifiziert. Von Radolfzell beispielsweise braucht man zwei Stunden nach Bregenz und muss sowohl im schwäbischen Friedrichshafen als auch im bayerischen Lindau umsteigen. Anderthalb Stunden braucht die Hochrheinbahn über Schaffhausen bis Basel – Badischer Bahnhof. Der letzte Zug des Tages von Stuttgart an den See fährt um 21:16 Uhr, also keine Chance auf Abendtermine in der Landeshauptstadt. Und wer fliegen möchte, kommt erheblich schneller nach Zürich als zum Flughafen Stuttgart.

Die badischen Gemeinden am Untersee sind bis heute eher an Freiburg als an Stuttgart orientiert; der Landkreis Konstanz gehört zum Regierungspräsidium Freiburg, die katholischen Kirchengemeinden zum Bistum Freiburg. Man trinkt Spätburgunder Rotwein statt Trollinger (→*Wein*) und drückt dem Freiburger SC die Daumen.

Baden, im See

Hartgesottene baden rund ums Jahr: Letzten Winter sahen wir eine barfüßige Dame im Badeanzug, mit einem Handtuch um den Hals, die in Stein am Rhein zum Wasser spazierte. In Konstanz schnaubte ein Mann bei Minusgraden im Seerhein, einige Schwimmzüge lang, bevor er wieder auf die breite Badetreppe kletterte. Aber das sind doch eher Ausnahmen. Die große Menge der Seeanrainer wartet, bis das Wasser gut zwanzig Grad warm ist. Das kann Ende April so weit sein oder auch bis Mitte Juni dauern. Spätestens dann aber werden die Badetaschen gepackt, mit Handtüchern und Sonnenöl, Äpfeln, Buch und Wasserflasche – für einen schönen Nachmittag am See. Dazu kommt ein Mückenmittel für den Abend, sollte man vorhaben, länger zu bleiben, um vielleicht noch ein Getränk mit Blick auf den Sonnenuntergang zu genießen. Denn auch die Schnaken, wie die Stechmücken hier genannt werden, schätzen die Unterseeufer im Frühsommer.

Lästig können die Bodenseekiesel sein, welche die ersten Schritte ins Wasser zur Wackelpartie werden lassen. Wer öfters im See badet, hat Badeschuhe im Gepäck, und wer kurzsichtig ist, eine Schwimmbrille, bei Bedarf mit den benötigten Dioptrien, die jeder Optiker bestellen kann. Letztere lohnt sich doppelt: Der Bodensee bietet zumeist klares Wasser in bester Badequalität, mit einer Blicktiefe bis auf den Grund, an dem kleine glitzernde Fische ihren Weg suchen.

Nahezu überall kann man einen freien Badestrand finden oder ein Schwimmbad mit Duschen und Bistro. Auf der Schweizer Seite sind die „Badis" oft sogar kostenlos, allein das Parken

Erinnerung an die Seestraßengalerie in Radolfzell: Der „Sprung" von Daniela Benz

Badebucht in Radolfzell – ein sonniger Platz findet sich fast überall.

muss bezahlt werden. Die Einheimischen wissen wiederum genau, wo gerade die besten Plätze sind. Während im Frühjahr zuerst die Bäder am flachen Zeller See warm genug sind, kann es im Hochsommer angenehmer sein, die kühle Seite Richtung Seerhein, zum Beispiel in Öhningen, oder direkt die Bäder am Hochrhein zu besuchen. Hier schützt das tiefere, fließende Wasser zudem vor der sogenannten Enten-Dermatitis, einer allergischen Reaktion von empfindlicher Haut auf winzige Lebewesen im Wasser, die sich eigentlich an Wasservögel halten. Ist das Wasser im Hochsommer

sehr warm, können sie sich auf die menschliche Haut verirren. Interessanterweise kennt auch Le Bourget-du-Lac, die Partnerstadt von Moos, das Problem. Hier warnen Schilder davor, lange im flachen Wasser herumzustehen, und sie raten zum Duschen und Abtrocknen nach dem Baden.
Angenehm schwimmen lässt sich meist bis in den September hinein. Dann locken wieder die Thermen und Saunalandschaften: Wie die Bora in Radolfzell mit ihrer Kelosauna, mit Rauchsauna und Dampfbad. Der See wartet vor der Tür, als herrlich erfrischendes Tauchbecken – im XXL-Format.

Berlingen

Am Schweizer Ufer gegenüber von Horn gelegen, scheint Berlingen auf den ersten Blick nur eines der hübschen Thurgauer Fachwerkdörfer am See zu sein. Doch der kleine Ort beherbergt einen großen Schatz: das Geburts- und Wohnhaus des Malers Adolf Dietrich in der Seestraße, heute ein Museum und noch originalgetreu erhalten.

Die Maler-Karriere war dem Sohn eines Kleinbauern keineswegs in die Wiege gelegt: Als siebtes und jüngstes Kind am 9. November 1877 geboren, begann er nach kurzen Schuljahren in ei-

Aus dem Obergeschoss sieht man in den Garten gegenüber. Er war ein Lieblingssujet des Malers.

ner Trikotagenfabrik in Berlingen. Die Textilindustrie war im Thurgau bis weit ins 20. Jahrhundert ein wichtiger Wirtschaftszweig, mit Färbereien und Fabriken an vielen Orten. Auch die Heimarbeit half, die Familien über Wasser zu halten. 14 Jahre lang verdingte sich Dietrich als Maschinenstricker, später als Wald- und Bahnarbeiter.

Sonntags wiederum ging er malen: in die nächste Umgebung rund um den Ort, oder auch nur mit Blick aus dem Fenster in den Nachbargarten. Der Garten wurde neben seinem Hund Balbo zum wichtigen Sujet. Nachdem Dietrich einen Galeristen gefunden hatte, wurde er zunächst in der Schweiz ausgestellt und konnte ab 1924 von seiner Kunst leben. Doch erst 1941 erwarb sein Heimatkanton Thurgau ein Bild von ihm. 1957 starb der Maler im eigenen Haus. Heute gehören viele seiner Werke zum Bestand des Kunstmuseum Thurgau mit Sitz in der Kartause Ittingen. Aktuell erzielen sie auf Auktionen Preise um die halbe Million Schweizer Franken und auch ein Kunstpreis wurde nach ihm benannt.

Das Beste für Besucher: 1996 konnte der Garten gegenüber dank des Enga-

Wer mehr vom Maler sehen möchte, fährt zur Kartause Ittingen – oder spaziert wachen Blicks um Berlingen: Denn Dietrich wurden drei Stationen der Kunstroute Untersee gewidmet, mit Stehlen und Reproduktionen an den Standorten seiner Staffelei. Auch im Gasthaus Adler, wo man zudem gut essen kann, hängt ein Origi-

Ein Blick in die Wohnstube des Malers Adolf Dietrich. Sie ist nach wie vor originalgetreu eingerichtet.

gements von Fanny Schmidt, einer Bürgerin von Berlingen und selbst Malerin, rekonstruiert werden und ist bis heute frei einsehbar. Am schönsten natürlich von der Malstube von Adolf Dietrich aus, die in den Sommermonaten Samstag und Sonntagnachmittag genau wie das kleine Museum geöffnet hat.

nal in der Gaststube. Last but not least: Einer der Lieblingswege des Malers führt über die Höhe bis nach Steckborn. Bis heute ein schöner Spazierweg mit tollen Ausblicken über den See. Zurück fährt man sommers am besten mit dem Schiff, im Winter mit dem Thurbo. Mehr Details unter www.adolf-dietrich.ch.

Bodanrück

Am Wochenende gleicht der Bodanrück einem Abenteuerspielplatz: Zwei Kinder haben es sich in einer Lehmhöhle gemütlich gemacht und erzählen sich Räubergeschichten. Junge Väter testen an der Ruine Kargegg, kaum mehr noch als eine mächtige Burgwand, ihre Kletterkünste. Eine bunt gewürfelte Freundesgruppe brät Würstchen über der Feuerstelle an der Burg und die Opas rasten auf den Aussichtsbänken. Ja, hier ist was los, auf der sanften Südseite genau wie an den steil abfallenden Hängen zum Überlinger See. Besonders im Sommer, wenn es im schattigen Wald angenehm kühl bleibt, kann zur Abwechslung mal kraxeln gehen wer gerade keine Lust zum Baden hat.

Das Echotal bei Bodman ist einen Abstecher wert: sicher nur bei trockenem Wetter!

Mountainbiker und Rennradfahrer schätzen den lang gestreckten Bergrücken, der genau wie der →*Schiener Berg* abwechslungsreiche Trainingsstrecken bietet. Eine ideale Tour startet in Markelfingen, sie führt über Kaltbrunn und Dettingen, zurück über Hegne und →*Allensbach.*

Rund ums Jahr lässt sich hier trefflich wandern, jeder Aufstieg wird mit schönen Ausblicken belohnt. Auch der Fernwanderweg →*Seegang* führt über den Bodanrück. Und wir wären nicht in Südbaden, wenn sich nicht allenthalben Ausflugsgaststätten finden ließen: Wir mögen den Hof Höfen zwischen Liggeringen und Langenrain, sommers ein ausgedehnter Biergarten, im Winter eine gemütliche warme Stube. Kinder lieben die Bauernstube Litz in →*Freudental* mit ihrer großen Wiese, den Lamas und den Hängebauchschweinen. Noch mehr Getier gefällig? Dann wartet der Wild- und Freizeitpark von Allensbach zwischen →*Mindelsee* und Kaltbrunn.

Dr. Rainer Bretthauer, Biologe und Umweltbeauftragter Radolfzells, erklärt die Entstehung des Bodanrücks: Ein Geschieberücken aus Molassegestein sei das, der sich in Fließrichtung der Gletscher erstreckt und während der Eiszeiten geformt wurde. An den höchsten Punkten liegt er knapp 700 Meter über dem Meer, also rund 300

Wilde Idylle: Pferde fühlen sich am Bodanrück offenbar ebenso wohl wie die Menschen.

Meter höher als der Spiegel des Bodensees. Bis auf wenige Burgen und Weiler war der Rücken nicht besiedelt, und so haben sich seltene Pflanzen- und Tierarten gehalten. Ein Teil der Höhenlagen wurde als Landschaftsschutzgebiet ausgewiesen, der Mindelsee und seine Uferbereiche als Naturschutzgebiet. Der Biologe kennt die extensiv bewirtschafteten Wiesen, auf denen sich die unscheinbare Fliegen-Ragwurz und das hoch gewachsene Purpurknabenkraut eine Nische gesucht haben, genau wie die Bocks-Riemenzunge oder die Kuhschelle. Nach Kräften bemüht sich Bretthauer, Besucher für das sorgsame Bewundern der raren Sorten zu sensibilisieren: Am allerbesten ist es da natürlich, auf den Wegen zu bleiben.

Büllefest

Es sei Büllefest auf der →*Höri,* am ersten Sonntag des Oktobers, sagte man uns, als wir an den See kamen. Büllefest? – Ob es einen Rindermarkt gäbe? Bullen zum Verkauf stünden? Oh nein, Bülle, genauer: Höri-Bülle! Das sind Speisezwiebeln, die ausschließlich auf der Halbinsel Höri angebaut werden.

Heute würden wir es niemals mehr wagen, so respektlos zu fragen, denn heute wissen wir um das edle Wesen des Gemüses! Die Höri-Bülle ist nicht irgendeine Zwiebel, sondern eine ganz besondere: Sie ist flach wie ein Ufo, mild und eher rosa denn rot. Beim Schneiden färbt sie nicht ab, und ihre Schale ist so empfindlich, dass sie bis heute von Hand geerntet werden muss. Allein auf der Halbinsel darf sie angebaut werden. Das ließen sich die Büllebauern und ihr eigens gegründeter Bülle-Verein inzwischen garantieren. Der Ritterschlag erfolgte im Frühjahr 2014: Seither ist die Höri-Bülle bei der EU als geschützte geografische Angabe (g.g.A.) registriert, und die Marktstände der Region zeigen stolz ihr Bülle-Logo.

Regina Duventäster-Maier in Moos, in vierter Generation Züchterin der Höri-Bülle, klärt die Frage der Farbe en detail: „Sie geht von hellbraun bis rosa. Im schweren Boden ist sie dunkler, im leichten heller und auch die Sonneneinstrahlung spielt eine Rolle. Aber das sind nur Nuancen." Gelb ist die echte Höri-Bülle nie! Und so fertigen die Duventäster-Maiers rot-gelbe Zöpfe nur auf Bestellung.

Viele der routinierten Zopfer flechten weiterhin mit gelben und rotbraunen Zwiebeln im Wechsel. Einerseits finden sie das schöner, andererseits nutzen die gemischten Zöpfe auch den Köchen: Denn nicht für jedes Gericht eignen sich die Höri-Bülle. Mit ihrer milden Schärfe sind sie im badischen Wurstsalat perfekt. Auch in Gemüsepfannen fügen sie sich gut. Da passt auch der feine Lauch hinein, der schon ab Jahresende aus den Zwiebeln sprießt. Dieser Tipp stammt wiederum von Hubert Neidhart vom Grünen Baum in Moos, der gar nicht verstehen kann, weshalb manche dies vitaminreiche Grün entsorgen.

Aber nun endlich auf zum Büllefest: An diesem Sonntag haben die Läden in Radolfzell geöffnet, „Musik uff de Gass" ist überall zu hören, und zwi-

baut. Traditionell wird Bülledünne gebacken (→*Dünnele*), ein Brotfladen mit Zwiebelaufstrich, dazu trinkt man Suser oder auch „Süße Moscht", also frisch gepressten Trauben- oder Apfelsaft, der schon mehr oder weniger zu gären beginnt. Der Club kochender Männer preist Zwiebelsuppe an und die Gäste aus der französischen Partnerstadt von Moos, Le Bourget-du-Lac, schneiden Käsewürfel und öffnen die Weinflaschen im Dutzend. Neben Gemüse kann man trefflich naturreines Rosengelee oder Wildkräutersalz erstehen: Bettina Burchardt aus Bettnang, dem fünften Ortsteil von Moos, sammelt schon ab Frühjahr aromatische Kräuter dafür.

Last but not least verrät mir eine Freundin aus der Region ein ganz besonderes Rezept: Wenn ein Schnupfen im Anzug ist, soll man eine Höri-Bülle so aufschneiden, dass die Mittelscheibe mit dem Keim noch zusammenhält. Diese mit einer Zange fünf bis zehn Sekunden in eine Tasse mit kochend heißem Wasser tunken, das Zwiebelwasser in kleinen Schlucken trinken und ab ins Bett. Am nächsten Morgen sei die Erkältung verflogen. Und Sie werden es nicht glauben: Das klappt!

Die bildschönen Büllezöpfe werden oben mit Strohblumen dekoriert.

schen Moos und Radolfzell herrscht reger Pendelverkehr mit Sonderbussen und der Solarfähre Helio. In Moos, in den Dörfern Weiler, Iznang oder Bankholzen (die Ortsteile wechseln jedes Jahr) sind Buden und Backöfen aufge-

Büsingen

Wer den Hochrhein Richtung Schaffhausen wandert, wird sich wundern. Eben noch in der Schweiz, dann schon wieder in Deutschland. Vollkommen verwirrt ist man in Büsingen. Zu Recht, denn dieser Ort stellt eine Besonderheit dar: Für Deutschland ist er die einzige Exklave, für die Schweiz eine von zwei Enklaven. Das bedeutet, dass Büsingen deutsches Hoheitsgebiet ist, vollkommen umschlossen

Alte Rheinmühle – schöner kann man am Hochrhein kaum sitzen.

von der Schweiz – hauptsächlich vom Kanton Schaffhausen mit 12,2 Kilometern Grenzlänge, aber auch vom Kanton Thurgau mit 4,3 Kilometern. Selbst der Kanton Zürich grenzt mit 500 Metern an. Die gut 1400 Büsinger Bürger rechnen und zahlen mit Franken, sie nehmen inzwischen aber auch Euro an. Die meisten arbeiten in der Schweiz, sind jedoch in Deutschland steuerpflichtig. Und sie haben ein eigenes Autokennzeichen: BÜS, ein wahrlich seltenes Kürzel.

Der Ort verdient es nicht nur wegen der Lage, besucht zu werden. Einmal gibt es eine reizende „Rhy-Badi", ein idyllisch gelegenes Bad mit klarstem erfrischendem Rheinwasser. Ein ähnliches findet sich in →*Stein am Rhein*, ebenso in Gailingen. Badeschuhe sind am Fluss besonders hilfreich, um am Ufer entlang zu laufen bis zum Einstieg.

Zum Zweiten lockt die Alte Rheinmühle mit ihrem gemütlichen Kastaniengarten, eher noch im als am Wasser. Man sitzt dort nicht nur fantastisch, sondern isst auch vorzüglich. Ab den 1960er-Jahren war hier gerne die gesamte Familie Dix zu Gast, samt Kindern und Freunden. Etliche frisch renovierte Hotelzimmer und zwei Suiten werden vermietet, und auch die Gaststuben im Inneren des Hauses sind sehenswert: Über Jahrhunderte diente das 1674 erbaute Haus als Mühle und Brauerei, ein eigener Bootssteg macht das Anlegen auch für Paddler leicht.

Die dritte und letzte Attraktion, die hier erwähnt sein soll, sind die Kammermusiktage Büsingen: Jeden August lassen sie die Bergkirche St. Mi-

Die Bergkirche St. Michael wird im Sommer zum Konzertsaal.

chael zum exklusiven Konzertsaal werden.

Weidlinge sind das typische Fortbewegungsmittel am Hochrhein.

Diessenhofen

Fahrplanmäßig würde das Schiff Richtung Schaffhausen in Diessenhofen ablegen, sagte uns der Schiffsfahrkartenverkäufer in Stein am Rhein, der uns keine Schiffsfahrkarte verkaufen konnte, da in Stein kein Schiff war. Und sehr wenig Rhein. „Streckenunterbruch", stand auf einem Schild, wegen Niedrigwassers, hören wir. Fahrplanmäßig hieße „12 Uhr 05", und das war um 11 Uhr 30. Also wieder rauf aufs Rad, aus Stein am Rhein hinaus auf den Radweg, rechtsrheinisch, und das be-

Die gedeckte Holzbrücke zwischen Diessenhofen und Gailingen ist 86 Meter lang. Das Schattenspiel im Inneren ist ein Erlebnis für sich.

deutet, dass man nach wenigen Kilometern wieder über deutsches Gebiet fährt. Was als asphaltierter, nahezu ebener Weg begann, wird zum Schotterweg, der sich hinauf auf eine waldige Anhöhe windet und dort zur Schiebestrecke mutiert. Zumindest für nicht 100-prozentig durchtrainierte Durchschnittsradler mit Trekkingrädern. Die Zeit läuft. Beim 12-Uhr-Läuten rasen wir den Berg wieder hinunter, durch Gailingen auf der deutschen Seite, Diessenhofen kommt in Sichtweite – und das Schiff ebenso. Hinüber über die alte gedeckte Holzbrücke, die Querbalken rattern, rechts ab, über den Anleger und endlich die Gangway, schwer atmend. Die Schweizer Matrosen und der Schiffsführer grinsen entspannt, machen die Leinen los und legen, auf die Minute pünktlich, versteht sich, ab Richtung Schaffhausen.

Jahrzehntelang war die Brücke in Diessenhofen Grenzstation, mit Schlagbaum und Zollkontrolle (→*Grenzverkehr*). Jetzt kann man als Radfahrer, Fußgänger und sogar Autofahrer ungehindert darüber hinwegrasen. Was aber sehr schade wäre: Denn die Brücke selbst ist ein Kunstwerk, auf der Wetterseite mit Holzschindeln ge-

Blick auf Diessenhofen vom Burgfried aus. Im Hintergrund der deutsche Ort Gailingen

schützt, die Fenster im Sommer mit Blumenkästen geschmückt. 1816 wurde diese Brücke eröffnet, seit 1259 sind am gleichen Ort Brücken belegt. Auch die Vorgängerbauten wurden häufig beschädigt, durch unachtsame Schiffsführer, die noch heute genau auf die Fahrrinne und den Wasserstand achten müssen (→*Schifffahrt*).

Diessenhofen selbst, zwischen Stein am Rhein und Schaffhausen gelegen, ist über 1250 Jahre alt. 757 wurde die Siedlung urkundlich erwähnt: Priester Lazarus schenkte dem Kloster St. Gallen seinen Weiler Deozincova, 1178 wurde das Dorf zur Stadt erhoben. Ein Bummel durch die Altstadt lohnt sich, bis zum Siegelturm, in dem mittelalterliche Siegel und Urkunden aufbewahrt werden, genau wie ein Spaziergang weiter flussabwärts bis zum Kloster St. Katharinental mit der schmucken Klosterkirche. Dort kann man geruhsam einen Kaffee trinken und auf den still strömenden Rhein und die Boote sehen. Ab und an kommt ein Weidling vorbei, das typische Gefährt des Hochrheins, flussaufwärts langsam gestakt, flussabwärts flott treibend.

Dünnele

„Mit der CDU durch dick und Dünnele" titelte unlängst die Tageszeitung am badischen Bodensee. Auf dem Bild waren Parteimitglieder am langen Tisch zu sehen, die vereint nach den Dünnele-Stücken greifen. Ein verbindendes Element trotz unterschiedlicher politischer Ansichten: Denn Teilen ist das Prinzip beim Dünnele. Serviert wird es frisch aus dem Ofen, zumeist in mundgerechte Stücke geschnitten: Gegessen wird es unkompliziert aus der Hand.

Perfekt eignet sich das Dünnele, ein dünner Brotfladen belegt mit Speck und Zwiebeln, mit Lauch und Kartoffeln, mit Spinat und Schmand, für den kleinen Hunger auf dem Wein- oder Weihnachtsmarkt. Am See darf ein Dünnele-Backofen bei keinem Anlass fehlen. Beliebt in Radolfzell ist das Dinkel-Dünnele vom Dinkel-Bäck, üblicherweise wird jedoch aus einer Weizenmehlmischung mit Hefe gebacken. Der Teig braucht

Dünnele werden meist vorgeschnitten, damit man einfach zugreifen kann.

Jazz und Dünnele, meistens Mittwochs in Stockach-Wahlwies. Hier das Ingmar Kerschberger Trio

Zeit, um zu gehen und zu ruhen: „Am besten über Nacht", sagt Frau Beatrix Honstetter vom Kranz in Liggeringen. Die badische Variante des elsässischen Flammkuchens ist etwas dicker und kräftiger im Geschmack, doch der Ursprung beider Spezialitäten ist der gleiche: Wenn Brot gebacken wurde, war keine Zeit zum Kochen. Also nutzten die Hausfrauen den heißen Holzofen zunächst, um eben die Dünnele zu backen. Belegt mit dem, was gerade zur Hand war: Am See und im Elsass, genau wie im Schwäbischen, wo das Dünnele auch Dinnete, Dinne oder Wähe heißt, waren das eben eher Rahm und Zwiebeln als Tomaten und Oliven.

Besonders fein und knusprig, dazu mit leckerem Bergkäse, kommt das Dünnele im Winkelstüble in Wahlwies auf den Tisch. Hier pflegt man seit über 15 Jahren eine Veranstaltung namens „Jazz und Dünnele". Jährlich spielen rund zwanzig Bands auf, von Jazz und Swing bis zur Bigband in der großen Obstscheune. Winters drängen sich die Gäste in der Stube und freuen sich am Konzert hautnah. An einem Abend ist das Ingmar Kerschberger Trio aus Freiburg zu Gast, nur der Jazzgitarrist Jörg Enz wohnt in Radolfzell und damit in der Nähe. Die beiden anderen, Peter Streicher an der Bassgitarre und Bandleader Ingmar Kerschberger am Saxofon, müssen um Mitternacht noch zurück über den Schwarzwald fahren. Ein weiter Weg, vor allem im Winter. Darauf eben noch ein Dünnele!
Getrunken wird dazu am besten Most, gekeltert aus den Äpfeln der benachbarten Streuobstwiesen. Sauer oder süß, der saure schmeckt auch gut als Schorle. Apropos Äpfel: Bester Abschluss eines Dünnele-Abends ist ein süßes Dünnele mit Äpfeln und Zimtzucker.

El Niño

„Papa, Papa, der Mann ist weg!" Das Mädchen, das so erwartungsvoll aus der Fußgängerunterführung am Bahnhof gestürmt ist, ist ganz aufgeregt – und enttäuscht. Aber der Mann, der Junge oder El Niño, wie er korrekt heißt, ist nicht weg. Er ist nur unter Wasser. Im Frühsommer 2016 schaute nicht einmal mehr der Kopf der Figur heraus und das Hochwasser hielt so lange an, dass sich die Stadt genötigt sah, eine rote Boje daran zu befestigen. Als Zeichen für die Paddler, dass da eine Untiefe sei.

Für die Radolfzeller ist die Bronzestatue von Ubbo Enninga der lieb gewonnene Wasserstandsanzeiger. Selten ist El Niño ganz verschwunden. Eher sitzt er komplett auf dem Trockenen, sodass man hinlaufen und den Metallkopf tätscheln kann. Wie beispielsweise fast das ganze Jahr 2018, was die Anlieger mit zunehmender Besorgnis sehen. Angenehmer ist der Wasserstand auch für die Schifffahrt, wenn er bis zu den Schultern im Wasser sitzt oder zumindest die Füße von den Wellen umspielt werden. Von hinten erinnert er an eine Ente, von der Seite wächst er zum richtigen, gut ausgestatteten Kerl heran, der junge Mädchen zum Staunen und Kichern bringt. Immer auf dem Sprung, sich ins Wasser zu stürzen, lang zu strecken und loszuschwimmen. El Niño demonstriert zugleich, wie man einfach in den See kommt, ohne allzu lange über die Kiesel balancieren zu müssen. Runter in die Knie wie ein Frosch, nach vorne ausstrecken. Zurück geht das dann ähnlich, schwimmen, bis man fast aufliegt, dann aufstützen und die Beine einziehen.

El Niño geht wiederum nicht zurück. Zunächst wurde er nur temporär vor der Mole aufgestellt, während einer Ausstellung in der städtischen Galerie Villa Bosch, die zum Saisonauftakt 2003 das Werk des Bildhauers Enninga zeigte. Dann wurde er zur Leihgabe, und dann setzten sich die Radolfzeller so vehement für den Kerl ein, dass er mit vielen privaten Spenden von der Stadt angekauft wurde und bleiben durfte.

Der Bildhauer wiederum wurde 1955 im hessischen Biedenkopf geboren, er lebt heute in Stuttgart und Berlin und ist mit einer Afro-Amerikanerin verheiratet. Ein Kennzeichen seiner

Die Skulptur wurde 1997 von Ubbo Enninga geschaffen, seit 2003 ziert sie die Hafenmole in Radolfzell.

Kunst seien die „geerdeten Figuren", wie die Rezensenten schreiben. Geerdet, kraftvoll und voller Leben. Nicht lebensmüde, wie ein 15-Jähriger aus Konstanz meinte, der erschreckt vom nackten Mann in der Nacht den Notruf verständigte. Man kann das auch als Kompliment an den Künstler auffassen – und sich über die Hilfsbereitschaft des Jungen freuen. Die Radolf-zeller und ihre Gäste freuen sich wiederum an El Niño. Sie brauchen keinen Pegelstand in Metern über Normal, wie die Konstanzer an ihrem Hafenhäuschen. In Südamerika steht „El Niño" übrigens für das Christkind – und eine Meeresströmung, die nur um Weihnachten auftritt. Beides passt auch gut zum kleinen badischen Meer.

Engen

Die Stadt Engen erstaunt durch den lässigen Sprung, den sie über die Jahrhunderte schafft: hier Mittelalter, dort Moderne. Die mustergültig renovierte Altstadt liegt eng gedrängt auf einem Bergsporn, ein Panoramalift führt von der Steilkante hinauf. Gegründet wurde sie im 11. und 12. Jahrhundert von einem adeligen Geschlecht, den späteren „Herren von Engen". Zum Schutz der jungen Stadt ließen sie auf dem Hausberg Hohenhewen um 1170 zusätzlich eine Burg errichten. Eine Wanderung führt von Anselfingen, einem der vielen Stadtteile Engens, in einer knappen Stunde auf die 844 Meter hoch gelegene Bergkuppe. Der Name Hohenhewen stammt vom keltischen „Ceven" ab, und schon Goethe beschrieb den Hegauvulkan als einen „charakteristischen, obgleich ganz

Im Eiszeitpark steht diese Skulptur: die Venus vom Petersfels in Übergröße!

bewachsenen Berg mit einem alten Schlosse". Von Letzterem ist heute wenig zu sehen, doch die Aussicht von der Burgruine ist großartig.

In der Altstadt kann man die mächtige Stadtkirche besuchen, eine romanische Säulenbasilika, die gotisch und später barock renoviert wurde und doch ein schönes Ganzes ergibt. Man kann die mittelalterlichen Gässchen rund um den Marktplatz studieren, sich in den Läden verlieren oder direkt ins städtische Museum gehen. Auch in den Räumen des ehemaligen Dominikanerinnenklosters St. Wolfgang begegnen sich Alt und Neu: Während die Galerie zumeist zeitgenössische Künstler präsentiert, zeigt das Museum die Geschichte Engens. Darunter Fundstücke aus dem nahen Brudertal wie eine stilisierte Frauenfigur, die „Venus vom Petersfels".

Der Petersfels selbst findet sich im Eiszeitpark der Stadt Engen, und der ist wirklich einen Besuch wert: Vor circa 15 000 Jahren jagten die Menschen an der Talenge vor allem Rentiere. Sie wurden an Ort und Stelle zerlegt, die Felle verarbeitet: allein 2000 Nähnadeln aus Knochen wurden hier gefunden! Namensgeber Eduard Peters, ein

Moderne Kunst in den Räumen des früheren Dominikanerinnenklosters St. Wolfgang

pensionierter Oberpostrat, begann die Grabungen in den 1920er-Jahren, ab 1970 wurden sie unter Leitung der Universität Tübingen weitergeführt. Mit einem Rundweg wurde das Gebiet nun erschlossen: Schautafeln erklären das Leben zu Zeiten der Steinzeitjäger und die damals heimischen Pflanzen, wie den Zottigen Klappertopf oder den Traubensteinbrech. Pionierpflanzen nach den Eiszeiten, als die Landschaft einer Steppentundra glich. Als Nahrungsquelle dienten auch Beeren, etliche Sorten wachsen hier noch immer. Der Einstieg zum Eiszeitpark liegt nahe der Autobahnausfahrt Engen. Auch der →*Seehas* fährt bis Engen, allzeit pünktlich wie gewohnt. Vom Bahnhof aus sind es etwa zwei Kilometer bis zum Start des Rundwegs. Und sollte die Entdeckerlust noch nicht gestillt sein: Von Engen aus ist es nicht weit bis zur Aachquelle (→*Aach*), der größten Quelle Deutschlands.

Ermatingen

In Ermatingen geht's um den Fisch. Kein Wunder, mag man vielleicht denken, bei einem Fischerdorf am Untersee. Aber so einfach ist das nicht. Zum ersten Mal wurde der Ort 724 erwähnt, das ist schon etliche Jahre her, und sicher war der Flecken bereits 3500 Jahre zuvor mit →*Pfahlbauten* besiedelt. Pirmin, der letzte Merowinger, ein Wanderbischof mit seinen Gefährten, sollte den renitenten Alemannen Ruhe und das Christentum bringen, und so erhielt er 724 die damals unbewohnte Insel Reichenau für eine Klostergründung geschenkt und

Die Fischküche wird in Ermatingen kultiviert: Im Seegarten, der „Beiz mit Reiz", liefert der Fischer Rolf Meier direkt an.

etliche Orte dazu, darunter auch →*Allensbach* und eben Ermatingen.

So erzählte es der unvergessene Max Ritzer im altehrwürdigen Hotel Adler, der „Auberge Napoleon". Der filigran getäfelte Speisesaal im ersten Stock mit bestens erhaltenen Malereien zeugt vom Reichtum des Ortes zu Zeiten Napoleons. Louis Napoleon, der spätere französische Kaiser Napoleon III, wuchs einen Steinwurf von Ermatingen im Schloss →*Arenenberg* auf und soll als junger Mann häufig zu Gast im Adler gewesen sein. Der Ort profitierte vielfach von der adligen Nachbarschaft, chauffierten doch alle Kutschen von Konstanz aus durch Ermatingen, um zur geschwungenen Auffahrt zu gelangen.

Doch bevor die Besucher nun gedanklich von Pirmin zu Napoleon im 19. Jahrhundert springen und den Geschichten rund um den liebeslustigen späteren Kaiser Napoleon III. lauschen, bringt Ritzer das Konstanzer Konzil (1414–1418) in die Debatte. Des Überangebots von drei Päpsten wollte man bekanntlich in Konstanz Herr werden. Einer davon war Johannes der XXIII., der vom Konzil angeklagt wurde. Als Botenreiter verkleidet

Die schöne Seeseite von Ermatingen, vom Anleger aus gesehen

dem Fisch, und das ist sicher. Alle drei Jahre findet der große Umzug statt. Die Wägen sind so aufwendig gestaltet, dass dazwischen nur eine kleine Fasnacht gefeiert wird. Denn: „Über die Hälfte der 3000 Einwohner machen aktiv mit", wie Max Ritzer stolz erzählte. Ein wirklich beeindruckendes Erlebnis. (Mehr unter www.groppenfasnacht.de).

Die Groppenfasnacht kommt zuletzt, sie wird am 3. Sonntag vor Ostern gefeiert.

konnte er fliehen, das ist verbürgt: In Ermatingen soll er bewirtet worden sein, mit Fischchen, die Groppe oder auch Mühlkoppe heißen. Bis zu fünfzehn Zentimeter werden sie lang, sie leben am Grund des Sees und haben einen mächtig großen Kopf. Nun, besagter Papst Johannes, der sonst nicht mehr viel zu sagen hatte, erlaubte den Ermatingern zum Dank für das köstliche Mahl, am dritten Sonntag vor Ostern eine Fastnacht zu feiern, die „letzte Fasnacht der Welt". So will es zumindest die Legende.

„Groppenfasnacht" heißt sie nach

Fasnet

Der „heilige, heilige Feiertag" der alemannischen Fastnacht ist der Donnerstag, der „Schmutzige Dunschtig", wie er am See heißt. Da nimmt sich frei, wer bei Verstand ist, und viele Läden schließen am Nachmittag. Denn wer

arbeitet, verpasst so unwiederbringliche Erlebnisse wie einen Bürgermeister, der im Dirndl vor seinem Rathaus tanzt, bis das gesamte schlanke Bein zu sehen ist, bevor er feierlich den Schlüssel an die Narren übergibt. Er verpasst die Aufstellung des Narrenbaums, gut dreißig Meter hoch, der mit purer

Rot und Gelb, die badischen Farben, zieren auch das Häs der Narrizella Ratoldi in Radolfzell.

Manneskraft vor dem Radolfzeller Münster in den Himmel gewuchtet wird: zentimeterweise, mit Hilfe von Stangen und Böcken und nur zur Form von einem dicken Seil gesichert – aber nicht gezogen! Das ist eine Sache der Ehre und kann sich unter reger Anteilnahme der „Mäschgerle" schon einige Stunden hinziehen.

Schnell lernt auch der Gast wichtige Worte: Mäschgerle werden alle verkleideten Zaungäste genannt, früher waren es nur Mädchen und Kinder, heute spielt das Geschlecht keine Rolle mehr. Das Wort kommt von Maske, aber das hätten wir uns nun auch schon denken können. Und während in Konstanz der „Hemdglonkerumzug" am „Schmutzige Dunschtig" vonstatten geht, startet er in Radolfzell am Mittwochabend. „Heut goht d' Fasnet aa, morge kunnt de Lumpemaa", wird skandiert und der Rhythmus mit „Klepperle", zwei mal zwei speziellen Holzbrettchen, dazu geschlagen. Für jede Hand zwei der Klepperle aus Akazienholz. Das macht einen Höllenlärm in den engen Wirtschaften, wo es duftet wie in einer Wäscherei. Denn der obligatorische Aufzug ist ein üppiges weißes Nacht-

hemd, das zur Fastnacht aus der Truhe gezogen und nochmals frisch gewaschen und gestärkt wird. Hat man kein Erbstück, wird man im örtlichen Kaufhaus fündig. So ist der Hemdglonkerumzug auch der einzige Fasnachtsumzug, bei dem sowohl der Zug als auch die Schaulustigen gleich angezogen sind. 6000 Mäschgerle waren Mittwochnacht beim Zug dabei, das ist jeder dritte Radolfzeller. Wer möchte sich dieser fröhlichen Stimmung entziehen? Die Musik dazu jazzt und rockt jedenfalls ganz gehörig.

In jedem Ort wird anders gefeiert, bis hin zur Narrenbaumwache und der Fasnachtsverbrennung am Dienstagabend. Ein Requiem wird intoniert und dicke Krokodilstränen fließen, wenn die „heilige, heilige Fasnet" wieder zu Grabe getragen wird. Ist nun wirklich alles vorbei? – Spätestens im Mai trifft man sich wieder mit der Zunft oder den besten Freunden für die Planung im nächsten Jahr. Denn die aufwändigen Kostüme und Inszenierungen brauchen einen monatelangen Vorlauf. Und die Vorfreude wächst bis zum nächsten Mal, wenn es wieder heißt: „Heut goht d' Fasnet aa…!

Felchen

Wer Glück hat und einen Fischer kennt oder sich bei Karl Amann im Hirschen von Horn einquartiert, der wiederum einen Fischer kennt, kann frühmorgens einmal mit hinausfahren: auf den Untersee zum Fischen. Am Vorabend hat Martin Dietrich aus Öhningen seine Netze gesetzt und nun geht es im Morgengrauen mit dem Motorboot auf den See, um den Fang einzuholen. Der Mann kennt den See im Nebel, mit Eisschollen und bei Regenschauern, seine Netze findet er quasi blind. Doch schöner ist es auch für ihn, wenn hinter dem Thurgauer Seerücken die Sonne aufgeht und erste Glanzlichter über das Wasser schickt und die Schwimmer beleuchtet. Routiniert und zügig rollt er die hundert Meter langen Schwebnetze auf, fummelt alle paar Meter einen Felchen heraus, wirft sie in die passende Kiste und ist nicht unglücklich über den Fang an diesem Morgen: 25 stattliche Felchen waren im ersten Netz, zwanzig im zweiten und im dritten gerade einer. Doch dazu ein Hecht, ein hübscher gefleckter Kerl, noch sehr lebendig, vielleicht zwei oder drei Kilo schwer. „Für zwei Portionen mindestens", schätzt der

Zurück vom Fang: Martin Dietrich aus Öhningen-Staad ist einer der letzten Berufsfischer am Untersee.

Wirt Karl Amann, der natürlich zunächst an seine Küche denkt.

Gerade sind die Fischwochen der Unterseewirte, „Felchen, Kretzer & Co" heißen sie inzwischen. Sie starten etwa Mitte September und dauern bis kurz vor der Schonzeit der Felchen, die am 15. Oktober beginnt. Viele Restaurants kreieren dreigängige Menüs rund um den begehrten Fisch, zum günstigen Festpreis: Da ziehen auch die Einheimischen wieder los, in die Ausflugsrestaurants auf der Höri, zum Grünen Baum in Moos, in den Sternen nach Bankholzen, ins Seehörnle und den Hirschen in Horn, um nur eine Auswahl zu nennen. Ein Blick ins Internet oder den passenden Flyer lohnt sich.

Doch zunächst geht es auf dem See weiter, um den Kretzer zu bergen. Egli heißt er in der Schweiz und ist dort beliebter als der Felchen. Feiner und kleiner ist er, allerdings ein stachliger Bursche, der sich fest im Netz verhakt. Die prall gefüllten Netze werden deshalb samt Fisch zusammengenommen. „Die Fummelarbeit machen wir nachher an Land", erklärt Dietrich. Das heißt Fische sortieren, Fische ausnehmen, Fische räuchern. Vor allem das Veredeln sei das Hauptgeschäft, dazu kommt die ra-

Mit den Fischspezialitäten lassen sich leckerste Brote zubereiten.

sche Lieferung an die Gastronomen. Dienstag und Freitags hat auch der Laden vor Ort geöffnet.

Rund dreißig aktive Berufsfischer gibt es noch am Untersee, viele davon auf der →Reichenau und der →Höri, nur sechs oder sieben in der Schweiz, die Lizenz wird vererbt. Das zunehmend saubere Wasser macht den Fischern zu schaffen, weniger Phosphor bedeutet weniger Plankton und damit weniger Fisch, dazu kommen die Kormorane, die sich rasant vermehrt haben: „Jeder frisst ein Kilo Fisch pro Tag und wiegt doch selbst nur zweieinhalb", sagt Dietrich. Doch an diesem Morgen ist alles gut, die Sonne geht strahlend auf und bescheint die Tische zum Fischerfrühstück für die Familie und ihre Gäste.

Feuerwerk

„Grüezi", begrüßt Monika Widler, Brigitte-Redakteurin in der Schweiz, ihre Leserinnen im Heft Nummer 17: „Der Nationalfeiertag wär ja schon recht. Wenn nur die Knallerei nicht wäre." Dann schimpft sie über „Frauenfürze und andere Kracher", die bereits Tage vorher durch die Luft knattern und einen erschrecken würden, um Hundeliebhabern und anderen Feinden des Feuerwerks letztlich vorzuschlagen, für kleine Fluchten auf die andere Seite des Sees zu wechseln.

Die Deutschen wiederum machen es umgekehrt: Sie freuen sich über die prächtigen Gratis-Feuerwerke am

Großes Feuerwerk beim Seenachtsfest Mitte August in Konstanz und Kreuzlingen

Abend des 1. August, die in jedem größeren Schweizer Ort von Amts wegen abgebrannt werden. Und wer gerade Bedarf an Knallkörpern oder Raketen hat, für ein privates Gartenfest oder einen Geburtstag, deckt sich vor dem Nationalfeiertag in den Schweizer Geschäften ein.

Besonders nah haben es die Bewohner von →*Höri* und →*Hegau,* viele können zu Fuß über die Grenze spazieren. Andere kommen mit dem Auto, parken zum Beispiel beim Sportplatz unterhalb des Chorherrenstifts in Öhningen und laufen von dort. Denn ein ganz besonderer Ausguck liegt in den Weinbergen oberhalb von →*Stein am Rhein.* Die Stadt verfügt durch eine Stiftung über reiche Mittel für kommunale Aufgaben, und so ist auch das Feuerwerk besonders üppig dimensioniert. Ein Werk in drei Akten wird aufgeführt, sorgfältig komponiert. Mit Kunstpausen dazwischen, in denen sich der Dunst lichten kann, um den Blick auf die mittelalterliche Stadt und den Rhein wieder freizugeben. Hilfreich für die Zuschauer ist das kleine Picknickgesteck: eine warme Decke zum Unterlegen, Wasser und ein kleines Fläschchen Pinot noir nach Belieben, und das Wichtigste für den Nachhauseweg: eine Taschenlampe! Denn anschließend ist es stockdunkel in den Weinbergen und die Stufen sind steil.

Wer gerade nicht zum 1. August am See sein kann, bekommt in Konstanz und Kreuzlingen eine zweite Chance: Das gemeinsame Seenachtsfest mit seinem gigantischen Feuerwerk als Höhepunkt findet zwei Wochen später statt. Also Mitte August und damit auch mitten in den Sommerferien der südlichen Bundesländer. Da kann dann jeder mitfeiern, der mag.

Freudental

Im Ort Freudental gibt es zwei Attraktionen: eine öffentliche und eine weniger öffentliche. Die weniger öffentliche ist das Schloss Freudental, unbestreitbar eine Augenweide. Nähert man sich von Langenrain, scheint es im Himmel zu schweben. Rosarot, mit einem hohen türmchenbekrönten Giebel, der sich wie ein Scherenschnitt abzeichnet. Nahezu zweihundert Jahre gehörte es der Familie Bodman zu Bodman, die es vom Erbauer erworben hatte.

Der neue Besitzer, Philipp Schwander, trägt einen eher weltlichen Titel, er ist „Master of Wine", allerdings der einzige Schweizer, der diese weltweit begehrte Auszeichnung tragen darf. Seine Weingeschäfte in Zürich florie-

Das Barockschloss Freudental schimmert altrosa und scheint über dem Ort zu schweben.

ren. Ursprünglich wollte er ein Haus am Zürichsee kaufen, fand aber nichts Passendes, woraufhin ihn sein Architekt auf das Schloss Freudental aufmerksam machte. „Und obwohl ich es an einem trüben Februartag besuchte, war ich begeistert", so erzählt es der stolze Schlossherr. Aufwändig ließ er renovieren, Schloss, Park und Gästehaus, und neu eröffnen: als Hotel – und vor allem als Ort zum Feiern. Um die Gäste kümmert sich Karin Lindner, sie berät und betreut, wann immer ein stilvoller Rahmen gefragt ist. Inzwischen buchen aber auch Paare gerne im Hotel Garni, Autoren und Künstler steigen hier ab. Hier und da finden öffentliche Lesungen oder Konzerte statt, ab und zu weilt auch Philipp Schwander selbst im Schloss. Allerdings ohne dann eine Fahne zu hissen.

Ganz unkompliziert kann man in der zweiten Attraktion Freudentals zu Gast sein. Denn das ist die Bauernstube Litz, die auf ihre Art ebenfalls eine Augenweide ist. Die Wiese weit und grün, die Stühle und den Tisch darf man eben dorthin tragen, wo es gefällt. Im Hintergrund vor dem Waldrand weiden die Kühe, im Vor-

Die Bauernstube Litz ist ein beliebtes Ausflugsziel auf dem Bodanrück.

dergrund toben die Kinder und freuen sich über die Schaukeln und den Sandkasten. Wenn sie nicht gerade laufen, um nach den Lamas oder Hängebauchschweinen zu sehen. Bestellt wird sommers am winzigen Tresen, Wurstsalat oder Bauernwürste, am Wochenende auch Schnitzel. Das Bier schmeckt köstlich und erfrischt die Radfahrer, die anschließend ja nur noch bergab rollen müssen. Denn entgegen dem Namen „Freudental" liegt das Dorf mit dem Schloss, das heute genau wie das Kloster Hegne zu →*Allensbach* gehört, nicht im Tal. Sondern eher auf dem Berg. Genauer gesagt auf dem →*Bodanrück*, dem Bergrücken zwischen Unter- und Überlinger See.

Gaienhofen

Die Schätze von Gaienhofen auf der →*Höri* liegen teils gut versteckt, so als ob sie sich nicht jedem Dahergelaufenen präsentieren wollten. Die Gemeinde ist bemüht, den Besuchern mit grünen Hinweisschildern den Weg zu weisen, und doch müssen sie häufig fragen, zumal Verwechslungen nicht ganz ausgeschlossen sind.

Blick auf das Hesse Museum Gaienhofen. Vorne der Brunnen, an dem schon Hesses ihr Wasser holten, hinten die Mauritius-Kapelle.

Literaturliebhaber sind in erster Linie an Hermann Hesse (1877–1962) interessiert. Immerhin war Gaienhofen der Ort, an dem er mit seiner ersten Frau Mia lebte, die erste Wohnung mietete, sein erstes und letztes eigenes Haus baute und seine drei Kinder bekam. Ein gutes Stück auf dem Karriereweg ging er ebenfalls von der Höri aus, von hier aus brach er zu seinen Reisen auf den Monte Verità im Tessin und nach Indien auf. Ein wichtiger Abschnitt im Leben des Dichters also, auch wenn er nur von 1904 bis 1912 dauerte.

Das erste Wohnhaus, die Hälfte eines Bauernhauses, steht im Dorfzentrum. Heute ist es mustergültig renoviert: In der früheren Scheune finden unter dem offenen Dachstuhl Lesungen und Vernissagen statt. In Hesses ehemaliger Wohnung wirkten vor einigen Jahren die Design-Studenten der Konstanzer Hochschule und gestalteten die Dauerausstellung neu. Blau als dominierende Farbe führt nun durch des Dichters Lebensstationen. Hesses Schreibtisch, der ihn bis nach Montagnola im Tessin begleitet hat und glücklich zurückgekehrt ist, steht seither in einer dunklen Gruft, wo zuvor noch Licht war und Schreibatmosphäre atmete. Im zweiten Teil des Museums werden wechselnde Literaturausstellungen eingerichtet, eine Dauerausstellung zeigt die Künstler der Höri. Wer mehr erfahren möchte, spaziert auf der „Kunstroute Untersee" und entdeckt an diversen Stelen die Lieblingsmotive der Maler: Eine steht beispielsweise auf dem Schiffsanleger unten am See.

Das Haus, das Mia und Hermann Hesse selbst gebaut haben, findet sich einige Minuten vom Dorfzentrum entfernt auf einem Hügel. Dieses →*Hermann-Hesse-Haus* mit seinem schönen Garten ist seit einigen Jahren wieder zugänglich: allerdings nur im Rahmen von Führungen, denn die Besitzer wohnen dort privat. Selbst ein Schloss steht in Gaienhofen: Als Burg wurde es Ende des 11. Jahrhunderts gebaut und als „Schloss der neun Türme" bekannt. Länger als ein Jahrhundert war es Internat. Der Internatsbetrieb wurde 2013 eingestellt, die Schule selbst wird seither als Gymnasium und Realschule geführt. Zur Gemeinde Gaienhofen gehören die Dörfer →*Horn,* Gundholzen und Hemmenhofen. In Hemmenhofen lebten die Künstler Erich Heckel und Curth Georg Becker, und dort baute der Maler

→*Otto Dix* sein Wohnhaus, hoch oben über der Straße, durch Buschwerk gut vor den neugierigen Blicken versteckt. Die „Dix-Kurve" (1997) von →*Peter Lenk* wiederum, lange über der Dorfstraße in Gaienhofen zu entdecken, steht seit Frühjahr 2019 ganz offensichtlich vor dem früheren Rathaus.

Eine der Stelen der Kunstroute findet sich am „Landesteg Gaienhofen". So heißt auch das Bild von Walter Herzger (1960).

Gärten

Gartenfreunde dürfen sich auf interessante Entdeckungen freuen, rund um den Untersee. Nicht nur, dass auf der Klosterinsel →*Reichenau* die Wiege des Gartenbaus zu finden ist: der Hortulus des Abtes Walahfrid Strabo aus dem 9. Jahrhundert. Mittel-

Neue Strukturen: Die Gnädinger Gärten in Radolfzell-Böhringen mit Holzskulpturen von Heike Endemann

alterliche Kräuter, Heil- und Färbepflanzen werden hier angebaut und erklärt, und der Eintritt ist frei. Auch im Innenhof der früheren Klöster Allerheiligen in →*Schaffhausen* und St. Georg in →*Stein am Rhein* wurden wieder Kräutergärten nach historischem Vorbild angelegt, als stille Oasen in der Stadt. Offen stehen weitläufige Schlossparks wie in →*Arenenberg* oder vielfältige Rosengärten wie in der →*Kartause Ittingen*, Stadtgärten wie in →*Radolfzell* und etliche Schaugärten der großen Landschaftsgärtnereien. Die Gnädinger Gärten in Radolfzell-Böhringen beispielsweise, die im Sommer 2018 zudem der Holzbildhauerin Heike Endemann ein treffliches Forum boten.

Last but not least, und das ist ein wirkliches Wunder der Gastfreundschaft, öffnen auch viele private Gartenbesitzer ihre Pforten. An einem oder zwei Wochenenden laden sie Interessierte ein, ihre grünen Refugien kennenzulernen, dort zu verweilen und sich wie zu Hause zu fühlen. Wer selbst einen Garten hat, kann mit den Gastgebern ins Gespräch kommen und Tipps tauschen. Garten-Rendezvous nennt sich diese Veranstaltungsreihe am westli-

Der natürlich gepflegte Bauerngarten in Schlatt im Thurgau

chen Bodensee, und die handliche Broschüre „Grenzenloses Garten-Rendezvous" mit allen Adressen und Terminen ist in den Tourist-Informationen erhältlich. Erst 2018 wiederum wurde die Bauerngarten-Route Thurgau zusammengestellt. Dabei ist beispielsweise der ganz wunderbare und ohne jede Chemie gepflegte Bauerngarten von Edi und Susi Müller neben der Kirche in Schlatt, der sogar jederzeit besucht werden darf. Neben seltenen Wildpflanzen und Kräutern, Obst und Gemüse, Stockrosen und Rosen, ist er zugleich die Heimat von Wildvögeln, Hühnern und Gänsen, zwei Pferden zudem. Die liebenswerten Besitzer bekamen dafür den Preis des Netzwerks Bodenseegärten, das sich bemüht, alle Gartenaktivitäten in der Region zu bündeln und zugänglich zu machen (www.bodenseegaerten.eu).

Gottlieben

Ob mit dem Rad, dem Schiff oder zu Fuß, die erste Station für Besucher wird der Dorfplatz sein. Hier gibt es nahezu alles, was man braucht: einen Drink, Proviant, Postkarten und vor allem Auskunft. Margrith Bär führt den „Supermarkt" von Gottlieben, wie sie ihren Dorfladen scherzhaft nennt: zugleich die Touristeninformation der Gemeinde, die mit gut 300 Einwohnerinnen und Einwohnern und nur 32 Hektar Fläche eine der kleinsten der Schweiz ist. Idyllisch am Seerhein gelegen, am anderen Ufer erstreckt sich das Naturschutzgebiet →*Wollmatinger Ried*.

Bekannt ist das Dorf aber weniger wegen der unvergleichlichen Lage als vielmehr wegen seiner Bewohner. Die weltberühmte Opernsängerin Lisa Della Casa lebte von 1950 bis 2012 im Schloss, das als stark befestigte Burg um 1250 vom Konstanzer Bischof Eberhard II. erbaut wurde. Zu Zeiten des Konstanzer Konzils diente es als Gefängnis: 1415 war der böhmische Reformator Jan Hus im Westturm eingekerkert, wie zuvor schon der abgesetzte Papst Johannes XXIII. Von 1837 bis 1842 gehörte es der Familie Bonaparte: Louis Napoleon ließ es schlossähnlich ausbauen, heute wohnt Della Casas Tochter darin.

Auch der österreichische Komponist und Sänger Udo Jürgens fühlte sich wohl

Das Seecafé mit dem prächtigen Blick auf den Seerhein und das Ried

in Gottlieben. Kurz vor Weihnachten 2014 erlitt der 80-Jährige bei einem Spaziergang an der Seepromenade völlig überraschend einen Herzinfarkt, seine Tournee „Mitten im Leben" fand so ein vorzeitiges Ende. „Am Tag davor hat er noch Kaffee getrunken bei mir", erzählt Margrith Bär vom umgänglichen Star.

Ebenfalls am Dorfplatz liegt das Bodman-Haus, das Heim des Dichters Emanuel von Bodman (1874–1946). Heute ist es Literaturhaus mit einem spannenden Programm im Saal unter dem offenen Dachstuhl. Im Erdgeschoss restauriert Sandra Merten alte Bücher und bindet neue: Sie leitet zudem Workshops, bei denen man Hefte oder schöne Schachteln herstellen kann. Künstler und Kunsthandwerker schätzen die Gottlieber Idylle: Joana Frei führt hier eine Pflanzenfärberei, die weit über die Grenzen der Region bekannt ist, und Eva Dyckerhoff verkauft unter dem Label „Kappnaht" feine Blusen.

Wohnen können Gäste im Hotel Drachenburg oder im Hotel Krone, einkehren direkt am Schiffsanleger im Seecafé. Hier kann man duftenden Kaffee trinken und eine Spezialität kosten, die schon Prinz Louis Napoleon schätzte: die Gottlieber Hüppen.

Sanfte Farben: Im Seiden-Atelier wird ausschließlich mit Pflanzen gefärbt.

Hauchdünne Crèpes werden noch heiß über Eisenstäbe gerollt und anschließend mit fluffigen Crèmes gefüllt. Nur einen Steinwurf entfernt bauen Peter Grimm und seine Mitarbeiter Motorboote. Bereits seit 1890 ist hier eine Schiffsbauerwerkstatt. Gottlieben ist schön, doch vom Schiff aus am allerschönsten: Denn dann sieht man nicht nur das Dorf mit seinen vielen Fachwerkhäusern, sondern auch das Schloss und seine prächtige Seefassade – zum Greifen nah.

Grenzverkehr

Am Hochrhein gestaltet sich das Überqueren der Grenze inzwischen heiter, als Fußgänger oder Radfahrer wird man nicht behelligt. Die vormals gekappten Wege wurden verbunden, die Brücken geöffnet und sogar auf eine einheitliche Radwegbeschilderung konnten sich die unterschiedlichen Behörden der Schweiz und Deutschlands einigen. Eine Grenzmarkierung oder ein Schlagbaum, den man selbst öffnen und schließen kann, wirkt wie ein Spielzeug. Auch auf dem →*Schiener Berg* kommen Wanderer immer wieder über die Grenze, bemooste Grenzsteine oder Schranken zeugen vom verwinkelten Grenzverlauf.

Und doch ist die Grenze zwischen Deutschland und der Schweiz eine Grenze: Sie trennt nicht nur zwei Staaten, sondern sie ist EU-Außengrenze. Für die Ein- und Ausfuhr von Waren oder Währungen gibt es Beschränkungen und Gebühren, auf die Zollbeamte und Steuerfahnder penibel achten. Die oft kilometerlangen LKW-Staus an den Grenzübergängen in Ramsen und in Konstanz/Kreuzlingen sprechen eine deutliche Sprache. Auch PKW

Fein fürs Foto: Der Grenzbaum über den Rad- und Fußweg bei Gailingen am Hochrhein

werden zuweilen kontrolliert, vor allem, wenn sie kein Konstanzer oder Thurgauer Kennzeichen tragen. Vielleicht wollen Sie ja größere Mengen an Bargeld ein- oder ausführen? Bald jeden Tag meldet die Lokalzeitung, an welch seltsamen Orten wieder Notenbündel gefunden wurden, die nachträglich teuer deklariert werden müssen, mit einer saftigen Buße on top. Apropos Buße: Bis fünf Kilometer über den erlaubten 50 Stundenkilometern in Ortschaften kostet es in der Schweiz aktuell 40 Schweizer Franken (etwa 35 Euro), und dann geht es steil nach oben. Also sollten Autofahrer allzeit den Tacho im Auge haben und für Autobahnfahrten eine Vignette an der Windschutzscheibe. Die Schweizer Bürger halten vor der Grenze aus freien Stücken nochmals

Kunstgrenze: Zumindest an der Uferpromenade in Konstanz/Kreuzlingen wurden die martialischen Grenzbefestigungen demontiert und durch die heiteren Werke von Johannes Dörflinger ersetzt.

an und laufen mit ihren grünen Ausfuhrscheinen ins Zollgebäude. Dort lassen sie sich die Ausfuhr der Waren bestätigen, um beim nächsten Besuch im deutschen Geschäft die Mehrwertsteuer von 19% zurückzubekommen. Doppelt gespart: einmal durch den für Schweizer günstigen Wechselkurs, zum anderen durch den Wegfall der Mehrwertsteuer. Wer würde diesen Vorteil nicht nutzen wollen?

Die Konstanzer und Singener wiederum fahren immer noch gerne in die Schweiz zum Tanken: dazu zwei Tafeln Schoki und ein Nussgipfeli, und der Tag ist dein Freund.

Hausherrenfest

Jedes Radolfzeller Schulkind kann diese drei Namen hersagen: Theopont, Senesius und Zeno, das sind die drei Hausherren von →Radolfzell, also die Patrone der Stadt. Zu ihren Ehren wird immer am dritten Wochenende im Juli das Hausherrenfest gefeiert, ganze drei Tage lang.

Das höchste Kirchenfest findet am Hausherrensonntag statt. Schon am frühen Morgen bläst die Stadtkapelle zum Gruß vom Münsterturm, anschließend wird ein Hochamt zelebriert, dem sich die Prozession anschließt. Begleitet von gut hundert Ministranten aller Kirchengemeinden, vielen Priestern und kirchlichen Würdenträgern werden die Reliquien der drei Hausherren durch die Straßen der Altstadt getragen: die Reliquien von Theopont und Senesius ruhen im kostbaren Schrein, die Reliquie des heiligen Zeno ist in eine silberne Bischofsbüste gefasst. Wäh-

Die Wasserprozession kommt Montag früh in blumengeschmückten Booten über den See.

Feierlich zieht die Prozession vom Hafen entlang der Promenade bis zum Münster.

tete Segelboote defilieren auf dem Zeller See, einem Teil des Untersees, und ein großes Feuerwerk schließt diesen Tag aufs Schönste ab.

Am Hausherrenmontag, früh morgens um sieben, kommen die Einwohner und Honoratioren der Hörigemeinde Moos mit blumengeschmückten Booten über den meist spiegelnd glatten See. Sie erfüllen mit dieser Pilgerfahrt ein Gelübde, das sie während einer Viehseuche Ende des 18. Jahrhunderts abgelegt haben. Die Sportlichen rudern nach alter Väter Sitte, manche paddeln, andere nutzen heute Motorkraft. Die Pilger der →*Höri* werden stets gebührend empfangen, zunächst mit Böllerschüssen, dann vom Radolfzeller Oberbürgermeister und dem Pfarrer, der Stadtkapelle und vielen Radolfzellern – und wieder schließen sich eine Prozession und ein Hochamt im Münster an.

Bis vor wenigen Jahren war der Hausherrenmontag ein eigener und zusätzlicher Feiertag der Stadt. Den dürfen sich heute nur noch die städtischen Angestellten nehmen und die Mitarbeiter der Sparkasse: Am Hausherrenmontag bleiben die Ämter und Bank-Filialen nachmittags geschlossen.

rend des übrigen Jahres können die Kirchenschätze im spätgotischen Münster, dem Wahrzeichen Radolfzells, bewundert werden. Nachmittags schließt sich das weltliche Fest an: die Vereine servieren Speis und Trank, dazu spielt die Musik am Konzertsegel und an der Hafenmole. Beleuch-

Hegau

„Hegau-Vulkane" steht da an der Autobahn, auf einem dieser braunen Schilder mit Scherenschnitt, die auf Sehenswürdigkeiten hinweisen, kurz nach dem „Hegaublick" und der passenden Höhe über dem Meer: 782 Meter. Und richtig, fährt man von Stuttgart kommend auf der A 81 Richtung Singen, öffnet sich für eine kurze Strecke der Blick über die Vulkanlandschaft des Hegaus, mit Höhenkrähen, →*Hohentwiel* und Mägdeberg. An schönen Tagen zeichnet sich dahinter die Alpenkette vom Himmel ab. Der Bodenseeanrainer fühlt sich so gut wie zu Hause und freut sich über die Schönheit der Landschaft: Gleich kommt das „Kreuz Hegau", an dem es rechts ab Richtung →*Konstanz* und →*Radolfzell* geht, also Richtung Untersee. Wer zum ersten Mal ankommt, sollte an der Rast-

Blick über die Vulkanlandschaft Hegau fotografiert von der Raststätte Hegau aus

stätte Hegau nochmals abfahren und die Aussichtsplattform besuchen. In Ruhe kann man hier die einzelnen Vulkankegel und ihre Geschichte studieren, dazu die Alpenkette mit dem 2502 Meter hohen Säntis in der Mitte.

Die Vulkane der Region Hegau sind besonders markant geformt. Der Schlot besteht bei den östlichen Vulkanen aus Phonolith (Klingstein), bei den westlichen aus Basalt, beides harte Gesteine, die als Magma aufstiegen. Darum he-

rum lagerte Molasse und Tuff, also weicheres Sedimentgestein. Dann kamen die Gletscher der Eiszeiten, die den Bergen ihren Schliff verpassten: Sie raspelten die weichere Ummantelung ab, zurück blieben die Phonolith- beziehungsweise Basaltkerne, die den Kräften von Eis, Wasser und Wind besser standhielten. So stehen sie da nun in der grünen und fruchtbaren Landschaft, die bereits in der Steinzeit relativ dicht besiedelt war. Die Vulkanberge, als natürliche Aussichtspunkte und strategische Posten gut geeignet, tragen jeweils eine Burg oder eine Burgruine. Die Festungsruine auf dem Hohentwiel ist die größte und berühmteste davon.

Die Landschaft eignet sich wunderbar für Rad- oder Wandertouren. Eine besonders schöne Wanderung startet in Mühlhausen, einer Haltestelle des →*Seehas*, führt über den Mägdeberg und den Hohenkrähen, die Heimat des boshaften Geistes „Poppele" (heute eine wichtige Figur der Singener →*Fasnet*), weiter zum Hohentwiel. Dort wiederum kann man verweilen, so lange man mag, sich stärken und hinunter nach Singen gehen, wo der Seehas am früheren Gelände der Landesgartenschau eine extra Haltestelle hat.

Hermann-Hesse-Haus

Wieso heißt dieses Haus eigentlich Hermann-Hesse-Haus? Es könnte genauso gut Mia-Hesse-Haus heißen. Das dachte sich auch die jetzige Besitzerin und so wird sich der Name im Sommer 2019 ändern: in Mia- und Hermann-Hesse-Haus. Denn Mia Hesse, geborene Bernoulli aus Basel, war es, die den Haushalt organisierte, ihren anspruchsvollen Gatten versorgte und die Kinder ruhig hielt, während der Hausherr im oberen Stock seiner Kunst frönte, studierte und schrieb. Wenn er denn in →*Gaienhofen* weilte, was im Lauf dieser Ehe immer seltener der Fall war. Auch der Architekt Hans Hindermann war Mias Familie verwandtschaftlich verbunden, er baute 1907 im schweizerischen Reformstil, ganz nach den Vorstellungen des Paares. Vor ihrer Heirat führte Mia Bernoulli zusammen mit ihrer Schwester Mathilde ein Atelier für

Das private Hermann-Hesse-Haus in Gaienhofen und der Garten können im Rahmen von Führungen besichtigt werden. Eva Eberwein in Hesses früherer Bibliothek, ihrem heutigen Wohnzimmer (oben rechts).

Porträtfotografie in Basel, die beiden gelten als die ersten Berufsfotografinnen der Schweiz. Im eigenen Haus in Gaienhofen fand immerhin eine Dunkelkammer für Mia Platz und sie bekam ein kleines Zimmer für sich allein. Doch wann sollte sie das nutzen?

Solcherlei Details erfährt man bei einer der spannenden Führungen im mustergültig renovierten Haus, das an manchen Sommerwochenenden für Besucher geöffnet wird. Eva Eberwein ist die jetzige Besitzerin des Hauses, sie hat es zusammen mit ihrem Mann vor dem drohenden Untergang bewahrt. 2003 entschloss sich das Ehepaar aus dem Rheinland zum Kauf, quasi im letzten Moment: Das Haus hatte jahrelang keine Interessenten gefunden, es war vernachlässigt und in den 1960er- und 1970er-Jahren hässlich umgebaut worden. Der Garten war ein einziger Dschungel. Nun ist Eva Eberwein selbst Diplom-Biologin und konzentrierte sich bald komplett auf die Wiederherstellung des Anwesens: Akribisch studierte sie alte Quellen, um auch den Garten möglichst originalgetreu wieder anlegen zu können. Während ihrer Recherchen fand sie sogar einen kleinen Gartenplan, von Hesse selbst skizziert, der

bereits den alten Birnbaum enthält. Denn der Garten war das Reich von Hermann Hesse, er zog die Beete mit dem Lineal und beschriftete säuberlich die Reihen seiner Neupflanzungen. Unter dem zentralen Hauptweg konnte Eva Eberwein eine Schicht an Büchern nachweisen. Es waren Rezensionsexemplare, die Hesse zugesandt wurden und die er mangels Steinen unter den Weg legte, um den weichen Untergrund zu stabilisieren. Der Garten stellt heute eine Arche an alten Sorten dar, an einem Kornelkirschenbaum wachsen Früchte für schmackhaften Sirup, Wildkräuter aus der Wiese würzen Salate, Suppen und Quiche. Apropos Kräuter und wilde Früchte: Eva Eberwein bietet mit Unterstützung zweier Kolleginnen auch Wildkräuterkurse für Gäste an.

Hohentwiel

Der bekannteste der Hegauvulkane ist der Hohentwiel bei →*Singen.* Genauer liegt die Stadt beim Berg, der selbstredend zuerst da war: Singen am Hohentwiel, so heißt die Gemeinde ganz offiziell.

Berühmt wurde der Berg durch den „Ekkehard" von Joseph Viktor von Scheffel (1826–1886), der als meist gelesener Roman des 19. Jahrhunderts gilt: 89 Auflagen erlebte der Dichter noch selbst! Er schildert darin die Begegnung des Mönches Ekkehard aus St. Gallen mit der früh verwitweten Herzogin Hadwig (gestorben 994), die im 10. Jahrhundert tatsächlich stattgefunden haben soll. Von gemeinsamen Lateinstunden oder amourösen Gefühlen wurde indes nichts überliefert. Diese sind erdichtet: perfekt passend ins 19. Jahrhundert, die Zeit der Romantik, in der man die Burgen und Schlösser wiederzuentdecken begann und für den tiefen Tann, die Bergeshöhen und die Einheit der Nation schwärmte. So pilgerten die Leser im vorletzten Jahrhun-

An Wochenenden werden auf dem Hohentwiel auch spannende Führungen angeboten.

dert nicht nur auf den Hohentwiel, sondern auch auf die Radolfzeller Halbinsel →*Mettnau,* wo der Dichter ein Haus besaß, das jetzige „Scheffelschlösschen". Die Stadt Singen richtete einen „Scheffelpfad" ein, auch ein Bronzerelief auf der Burg ehrt den Dichter.

Rund um den schroff aufragenden Vulkanschlot zieht sich heute ein Naturschutzgebiet, seltene Arten wie der Ysop, ein Burgflüchtling aus dem Kräutergarten, konnten sich dank der Schafsbeweidung erhalten. Das Staatsweingut Meersburg pflegt am Fuß der Felsen Reben, genau wie das biozertifizierte Weingut Vollmayer. Bis zu 560 Meter hoch liegen die Weinberge, die höchsten Deutschlands, die allerdings schon zur Hegau-Gemeinde Hilzingen gehören (→*Wein*).

Die Festung selbst ist mit neun Hektar eine der größten Anlagen Deutschlands. Die Schutzwälle stammen überwiegend aus der Barockzeit und hielten allen feindlichen Angriffen stand. Geschleift wurde sie erst 1801 von den Franzosen. Bis 1969 war die Festung samt der Domäne „Bruderhof" württembergische Exklave im vorderösterreichischen und später badischen Land. Die wenigen Einwohner gehör-

Das Hohentwiel-Festival im Juli rockt den Berg, die letzte Strecke muss von den Zuhörern zu Fuß zurückgelegt werden.

ten zur Stadt Tuttlingen an der Donau. Erst am 1. Januar 1969 wurde die Exklave der Stadt Singen eingegliedert und damit badisch: 2019 wird der 50. Jahrestag mit einem zweitägigen Burgfest gefeiert.

Dem jährlichen Burgfest folgte das Hohentwiel-Festival. Neben den Spaziergängern, den Schulklassen und Historikern ziehen im Juli Heerscharen von Musikfans auf den markanten Buckel im →*Hegau:* Viele Größen der Rockszene spielten schon auf der Freilichtbühne, Joe Cocker, BAB und Jan Delay beispielsweise. Ebenso die britische Band Whitesnake, deren Sänger David Coverdale während der Show zur Festung hochsah und ergriffen stöhnte: „What a fucking castle!" („was für eine geile Burg"). – Wer wollte ihm da widersprechen?

Höri

Die Halbinsel Höri ragt wie ein Dreieck in den Untersee, mit Horn an der Spitze. Sie beginnt im Norden mit Moos und endet, genau wie der Untersee selbst, an der Rheinbrücke in Stein am Rhein. Ab Oberstaad, das zur Gemeinde Öhningen gehört, kurz vor der Grenze zwischen Deutschland und der Schweiz, „beginnt die Strömung zu ziehen", wie es der Fischer Martin Dietrich (→*Felchen*) beschreibt. Der Untersee wird zum Rhein, genauer zum Hochrhein.

Bis weit ins letzte Jahrhundert hinein war die Höri ein ländliches Gebiet, mit einfachen Leuten, die von ihrer Hände Arbeit lebten: Bauern, Fischer, kleine Händler. →*Gaienhofen* hatte zu Zeiten Hesses gerade 300 Einwohner. Dr. Hannelore König (1925–2012), Juristin und die erste Oberstaatsanwältin in Württemberg, stammt aus →*Wangen*, aus

Schloss Oberstaad in Öhningen, heute sind darin Ferienwohnungen untergebracht. Das „Mädchen" am Hafen von Iznang (rechts) – eine Bronze des Künstlers Friedhelm Zilly aus Moos

einer alteingesessenen jüdisch-christlichen Familie. Im Film „Landschaftsgeschichten" (→*Literatur*) beschreibt sie nebenbei, dass zu jedem Hof ein kleiner Stall gehörte, in dem man die Kühe muhen hörte. Morgens dengelten die Bauern ihre Sicheln, um frisches Grün für das Vieh zu schneiden. Heute gebe es längst keine Kühe mehr, „und nicht einmal Hühner." Doch immer noch wird Gemüse und Obst angebaut, von den ersten Spargeln über Erdbeeren, Himbeeren und Kirschen. Natürlich auch die Höri-Bülle (→*Büllefest*), die zarte Zwiebel, die von Hand geerntet werden muss. Auch im Winter stehen die Bauern der Höri auf dem Markt in Radolfzell und bieten Feldsalat, Rote Bete und

Kartoffeln an, Rosenkohl und Meerrettich, Walnüsse und noch viel mehr. Obstbrand zum Beispiel, in dem man noch die reifen Früchte schmeckt.

Die andere Seite der Höri sind die Künstler, die sich in dieser bäuerlichen Welt ansiedelten. Die ersten kamen Anfang des 20. Jahrhunderts aus freien Stücken auf die Halbinsel. Allen voran der Schriftsteller Hermann Hesse, der 1904 nach Gaienhofen zog, um zusammen mit seiner Frau Mia nach den Idealen der Reformbewegung zu leben: einfach und schlicht, abseits der großbürgerlichen Zwänge und Normen. Andere wie →*Otto Dix* kamen in der NS-Zeit aus der Not und empfanden den Ort ein Leben lang als Exil. Die Künstler blieben im dörflichen Leben eher die Fremden, und noch heute behaupten einige Zugezogene, dass sich daran nicht allzu viel geändert habe. Sicher aber ist eines: Die Verkehrsverbindungen sind deutlich besser geworden. Der Höri-Bus verbindet Radolfzell in der Woche halbstündig mit den idyllischen Orten entlang des Sees: mit Iznang und Horn, mit Gaienhofen und Hemmenhofen, mit Wangen, Kattenhorn, Öhningen und Stein am Rhein.

Horn

In Horn auf der →*Höri* teilen sich der Wirt und der Pfarrer die Logenplätze. Linker Hand, von der Kirchgasse aus gesehen, gehört alles dem Wirt und damit der Kulinarik, rechts residiert die Kirchengemeinde. Ganz vorne an der Spitze des Hügelrückens, hinter der Kirche, liegt der Friedhof, und wer die Gräber besucht, mag sich vom sagen-haften Rundumblick über den Unter-see getröstet fühlen. „Wenn ich nicht Großherzog von Baden wäre, wollte ich Pfarrer von Horn sein!", soll der badische Großherzog Friedrich II. an dieser Stelle gesagt haben (→*Baden, das Land)*. So bezeugt es eine schmiedeei-serne Tafel an der Kirche.

Spaziergänger können im weiten Bo-gen durch die Streuobstwiesen und Gärten hinunter zum Anleger in Horn

Die Kirche in Horn, ein markanter Aussichtspunkt auf der Halbinsel Höri

gehen, zum Bootsverleih und zum Strandbad. Auch ein kommunaler Campingplatz erstreckt sich in Richtung →Gaienhofen, der seine Gäste durch viel Freiraum begeistert. Rechts vom Renaissance-Schlösschen legt während der Sommersaison die Höri-Fähre „MS Seestern" nach →Berlingen und →Steckborn ab. Bei Niedrigwasser startet sie am langen Steg von Gaienhofen.

Unten am Radweg liegt etwas versteckt das Hotel Gasthaus „Seehörnle", ein Inklusionsbetrieb mit abwechslungsreicher Karte. Alternativ kann man nach der Rückkehr oben beim Hirschenwirt einkehren: Karl Amann, zugleich Metzger, Viehhändler, Musiker, Gemeinderat und Hotelier, ist selbst eine Institution auf der Höri. Zusammen mit seiner Frau Verena, den beiden Söhnen Sebastian und Martin samt Ehepartnern führt er das Hotel. Seit Generationen ist der Hirschen im Familienbesitz, die Enkel, noch im Kleinkindalter, sind die achte Generation. Zum Hotel gehören sehr unterschiedliche Häuser, darunter das „Haus Verena" mit seiner Wellnessabteilung, das „Gartenhaus Nina" und ein Boardinghaus. Ein weitläufiger Garten verbindet die

Blick vom Haus Verena übers Kirchengelände

Häuser aufs Schönste. Hinter dem Pool stehen die Liegen der Hotelgäste – hier kann der Logenblick zumindest noch aufrichtig genossen werden. Damit das lange so bleibt, hat Verena Amann die Lehren von Hildegard von Bingen entdeckt. So findet der Gast auf dem Frühstücksbüffet sowohl die Leberwürste aus der Metzgerei als auch den Dinkelbrei nach Hildegard von Bingen. Jeder hat die Wahl. Im Sommer treffen sich Einheimische und Gäste im Biergarten des Hirschen, am liebsten donnerstags abends zum Jazz. Manchmal auch zur Blasmusik: Und wenn „Karle" Amann, der Hirschenwirt, dann Lust hat, packt er selbst seine Tuba aus.

Inseln

Bei einem der wichtigsten Pfahlbau-funde (→*Pfahlbauten*) der letzten Jahre in Iznang, einem Ortsteil von Moos auf der →*Höri*, stellten die Forscher fest, dass der Seespiegel etwa 3275 vor Christus um rund vier Meter höher gelegen haben muss. Denn die Siedlungsreste liegen heute ein ganzes Stück landeinwärts. Bei solchen Wasserständen wären die Moränen-kuppen, auf denen die Altstädte von Radolfzell und Konstanz errichtet wurden, im Bodensee liegende Inseln. Eine interessante Vorstellung.

Umgekehrt wären dann die jetzigen Inseln des Untersees weitaus kleiner oder ganz verschwunden. Sie müssen sich quasi erst später, bei sinkenden Wasserspiegeln gebildet haben, zumindest die kleinen, heute unbewohnten Eilande. Beispielsweise die Liebesinsel, die als grüner Fleck vor dem Naturschutzgebiet →*Mettnau* liegt, 97 Meter lang und 42 breit. In

Die Halbinsel Mettnau mit der vorgelagerten Liebesinsel

den 50er-Jahren wurde darauf eine romantische Szene des Heimatfilms „Die Fischerin vom Bodensee" gedreht, genauer: die Liebesnacht der Hauptdarsteller. Wer die Szene nachstellen möchte, muss auf die Insel paddeln oder rudern.

Am Ausgang des Untersees liegen wiederum drei kleine Inseln, deren größte, die Insel Werd, seit 1957 von Franziskanermönchen bewohnt wird. Eine hölzerne Brücke führt von der Thurgauer Seite aus hinüber, Besucher sind willkommen. Sie können nicht nur die Kapelle besichtigen, sondern dürfen auch an den Stundengebeten der Mönche teilnehmen. Die Insel Werd war seit den Zeiten des heiligen St. Gallus bewohnt: Otmar, der erste Abt des Klosters St. Gallen, starb dort 759 als Verbannter und wurde auch beigesetzt, jedoch zehn Jahre später von den St. Gallener Mönchen zurückgeholt und ein zweites Mal im heimischen Kloster beerdigt. Über der ehemaligen Grabstätte entstand im 10. Jahrhundert die Kapelle, die tagsüber offen steht.

Die berühmteste Insel im Untersee ist natürlich die Insel →*Reichenau*, Klosterinsel ursprünglich auch sie, heute

Ein Steg führt zur Insel Werd, Besucher sind zu den Stundengebeten eingeladen.

UNESCO-Welterbe. Aber auch Gartenbau- und Ferieninsel, Wohngebiet und Ausflugsziel. Last but not least liegt eine kleine Insel vor der Altstadt von →*Konstanz*, ebenfalls durch einen Brückensteg erreichbar. Früher war darauf das Kloster der Dominikaner, heute befindet sich das Steigenberger Inselhotel in den ehrwürdigen Räumen. Die Sommerterrasse des Restaurants ist ein Logenplatz am See. Streng genommen liegt diese Insel nun aber schon im →*Obersee*. Genau wie die Blumeninsel Mainau, einer der Topspots des Bodenseetourismus.

Kartause Ittingen

Von der Kunst begrüßt werden Besucher schon vor den früheren Klostermauern. Für drei Jahre stand da ein meterhoher begehbarer „Scheiterturm" aus Brennholz, dann kam ein doppelter Looping, der an eine Achterbahn erinnert. Mein Liebling wiederum ist ein kleiner Tannenbaum, der krächzend singt: „I'm dreaming, of a white Christmas ..." Man hört ihn nur, wenn man ei-

250 vor allem alte Rosensorten blühen im früheren Klosterareal.

nen Moment ganz still neben ihm stehen bleibt. Die Kartause Ittingen erscheint wie ein Kaleidoskop: Wer sie einmal besucht hat, kommt immer wieder, um eine neue Facette der Anlage kennenzulernen.

Unter anderem beherbergt die Kartause zwei Museen: Das Ittinger Museum, das die Geschichte des Klosters aufblättert, und das Kunstmuseum Thurgau, dessen Außenstelle in →*Berlingen* das Erbe des Malers Adolf Dietrich pflegt. Hier zeigt das Museum vor allem zeitgenössische Kunst und lädt immer wieder Künstler ein, für die Kartause zu arbeiten. So die Kanadierin Janet Cardiff, die bereits international bekannt war, als sie in den Thurgau kam, in dieses ummauerte Areal zwischen den sanften Hügeln bei Frauenfeld. Ihr Hörkunstwerk ist eine besonders ausgefallene Art, sich dem Ort zu nähern. Ein wenig Abenteuerlust braucht es, sich darauf einzulassen, mit I-Pod und Kopfhörern durch die früheren Zellen der Kartäusermönche zu streichen, Türen zu öffnen, durch Innenhöfe zu gehen, wo der Regen so realistisch zu prasseln beginnt, dass man den Kopf einzieht. Die Schritte hallen doppelt laut auf den alten Steinfliesen der Gänge. Cardiffs „Ittingen Walk" kann man an

Die Ordensregeln der Kartäuser waren streng: Im Ittinger Museum können das reich ausgestattete Refektorium (oben) und die kargen Mönchszellen besichtigt werden. Das Kunstmuseum Thurgau widmet sich wiederum der modernen Kunst.

der Museumskasse ausleihen. Aber auch ohne Kopfhörer lohnt ein Besuch der Klosterkirche und des Refektoriums, der Kreuzgänge und Klausen, in denen die Kapuzinermönche streng abgeschirmt ihrem arbeitsamen Leben folgten. Allein am Sonntag durften sie sich unterhalten, bei kurzen Spaziergängen im umgrenzten Innenhof.

Seit 1977 gehört Ittingen einer Stiftung, die das Klosterdenkmal vor dem Zerfall rettete. Heute ist die Kartause ein Ort der Begegnung und der Kultur, Tagungsstätte und Hotel, Museum und weites Hofgut. In der Remise finden an Pfingsten klassische Konzerte statt, Meetings und Hochzeiten rund ums Jahr. Die ausgedehnten Gärten laden zu Spaziergängen ein, besonders Rosenfreunde pilgern im Frühsommer zur Kartause. Im Restaurant Mühle dreht sich ein riesiges Mühlrad von 1870, allein von fließendem Wasser angetrieben. Leise hört man es plätschern beim Genuss eines „Null-Kilometer-Menüs". Die Forellen schwammen im früheren Klosterteich, die Rinder für Milch und Käse weiden auf den Wiesen und die Trauben wachsen an den Rebhängen. Im Laden kann man die Weine kaufen, deren Qualität bereits dem Kloster zu Reichtum verhalf, aber auch die frischen Kräuter und duftenden Rosen für den heimischen Balkon. So schimmert und blüht ein Stückchen des Kaleidoskops später zu Hause weiter.

Konstanz

Konstanz hatte Glück. Glück in einer unseligen Zeit. Während des Nazi-Regimes verlor die Stadt erst ihre Unschuld und dann ihre jüdische Bevölkerung. An der Sprengung der Synagoge waren SS-Leute der Radolfzeller Kaserne tatkräftig beteiligt. Erst 2019, gut achtzig Jahre danach, kann endlich eine neue eingeweiht werden. Aber nun das Glück im Unglück: Die Stadt blieb nahezu unversehrt. Sogar die Grenzen zur Schweiz waren zunächst noch durchlässig, und die Bauern aus dem →*Paradies*

Das Konzilgebäude und der Bahnhof

durften weiter ihre Felder im Tägermoos im schweizerischen →*Thurgau* bestellen. Erst 1940 wurde die Grenze hermetisch abgeriegelt, vom Tägerwiler Zoll bis hin zum Stacheldraht im Bodensee. Aber die linksrheinische Stadt blieb auch während der Kriegsnächte hell erleuchtet, damit die Piloten der Alliierten glauben sollten, es wäre die neutrale Schweiz.

So ging Konstanz als eine der wenigen Städte Deutschlands mit einer nahezu intakten Altstadt aus dem Krieg hervor. Heute noch ist sie ein verwinkeltes Kleinod, scheinbar pures Mittelalter wie im idyllischen Stadtteil Niederburg, der zwischen Münsterplatz und Seerhein liegt. Im gotischen Münster fand von 1414 bis 1418 das Konstanzer Konzil statt, das einzige Konzil mit Papstwahl nördlich der Alpen. Der neue Papst, Martin V., wurde wiederum im damaligen Kaufhaus, dem heutigen Konzilgebäude am Hafen, gewählt, es war das größte Haus der Stadt. Damals war Konstanz der Nabel der Welt, es lag inmitten aller Verkehrswege – und nicht an deren Rande.

Konstanz und das schweizerische Kreuzlingen sind nahezu zusammengewachsen, die Lage bringt Segen und

Schon die Römer schätzten die Lage: Konstanz liegt am Rhein zwischen Unter- und Obersee.

Sorge zugleich. Am Samstag und nach Feierabend wird die Stadt von Schweizer Einkäufern geflutet, ein Verkehrschaos kann nicht ausbleiben. Aber natürlich möchte man dennoch nach Konstanz kommen, und so bietet sich vom Untersee aus der →*Seehas* an, das Fahrrad oder das Schiff. Ab dem Parkplatz beim Bodensee-Forum in Peterhausen fährt samstags zusätzlich ein Schiff, „Wasserbus" genannt, bis zum Hafen. Alle drei Varianten bringen freie Fahrt und ideale Umsteigemöglichkeiten: zum Beispiel auf die Kursschiffe nach Meersburg oder zur Mainau.

Doch es lohnt sich auch, in der Stadt zu bleiben. Ausdrücklich empfohlen sei das Rosgartenmuseum, es ist eines der ältesten Stadtmuseen Deutschlands mit aktuellen Sonderschauen und einem zauberhaften Café im Innenhof. Das engagierte →*Theater* Konstanz spielt im historischen Stadttheater oder im Spiegelsaal am Hafen. Und natürlich lohnt sich der Hafen selbst, mit seinen Cafés und Biergärten. Ganz kostenfrei und vergnügt lässt sich auf einer der zahlreichen Bänke rasten und auf das weite Wasser des Bodensees und die Imperia von →*Peter Lenk* blicken, die sich gemächlich auf ihrem Pegelhäuschen dreht.

Mettnau

Kur und Natur bilden den Zweiklang auf der Halbinsel Mettnau, die sich von Radolfzell als schmale Landzunge weit in den Untersee hineinstreckt. Der Spitze vorgelagert ist die kleine Liebesinsel, auf der in den 50er-Jahren die erregende Szene eines braven Heimatfilms gedreht wurde *(→Inseln)*.

Damit zur Kur: „Bewegung ist Leben" lautet der Slogan der Kurbetriebe, die sich seit ihrer Gründung 1958 in städtischer Hand befinden. Vier verschiedene Kliniken mit rund 350 Mitarbeitern kümmern sich um die Patienten, etliche kommen zur Rehabilitation nach Herzinfarkten oder -operationen. Doch größer wird der Anteil der „Selbstzahler", die vorbeugend wal-

Wilde Wurzeln und Baumriesen im Naturschutzgebiet auf der Mettnau

ken und wandern, sich in Qi Gong oder Bogenschießen üben. Während der parlamentarischen Sommerpause erholen sich Spitzenpolitiker auf der Mettnau, gerne auch Fernsehmoderatoren oder Drehbuchautoren. Die Kurgäste sind ein gewichtiger Faktor in der Stadt Radolfzell, sie beleben den Abendmarkt am Donnerstag und schließen sich Samstags der Stadtführung an, sie trinken ein Viertele im „Scharfen Eck", also in der Weinstube Baum, und erkunden die Region mit dem Programm „Kur und Kultur". Die Jazz-Matinées in der Konzertmuschel und die Parks auf der Mettnau werden auch von den Radolfzellern gerne besucht, die Strandbäder sind sonnige Logenplätze am Abend, genau wie das Strandcafé mit der großen Terrasse.

Das Scheffelschlösschen ist heute Sitz der Kurverwaltung.

Und nun zur Natur, die an der Spitze der Halbinsel dominiert: Von April bis September ist der Zugang gesperrt (außer mit Führungen des NABU, →*Wollmatinger Ried*), um die brütenden Vögel und raren Strandwiesen zu schonen. Wenige Zentimeter Unterschiede im Wasserstand erlauben ganz besonderen Pflanzen ein Leben in der Nische, darunter der Strandling und der Ufer-Hahnenfuß, die Strand-Schmiele und das Bodensee-Vergissmeinnicht, das so gut wie ausgestorben schien. Im Winterhalbjahr zieht es die Vogelfreunde mit großen Teleobjektiven hinaus zur kleinen Bucht an der Spitze, von der aus man trefflich zur Insel →*Reichenau* und an schönen Tagen bis zum Säntis sehen kann. Auch sommers zugänglich ist der Aussichtsturm am Eingang des Naturschutzgebietes. Hinaufzusteigen lohnt sich unbedingt, die Fernsicht ist grandios. Treppen zu steigen ist zudem gesund, einmal rein prophylaktisch betrachtet.

Mindelsee

Der See über dem See, genau wie der Bodanrück ein Relikt der letzten großen Eiszeit, ist das ganze Jahr über ein Eldorado für Spaziergänger. Ruhig liegt er da zwischen Wald und Wiesen, lang gestreckt und geheimnisvoll. Unterhalb von →*Möggingen* finden Autofahrer einen Wanderparkplatz, aber auch von Markelfingen oder dem Wildpark Allensbach aus lässt sich gut aufbrechen, um das Naturschutzgebiet zu erkunden.

Etwa sechs Kilometer geht man einmal rund um den See, und wer einen größeren Boden schlägt, um auch die Aussicht von oben zu genießen, bringt es leicht auf acht. Verpflegung sollte man mitnehmen, denn eine Gaststätte gibt es nicht im Naturschutzgebiet. Drei Bäche speisen den See an der östlichen Spitze: Dort stehen die Wege gerne einmal unter Wasser, sodass man über Planken balancieren muss. Naturschützer freuen sich über seltene Sumpfpflanzen und schimmernde Libellen, über Falter und Vögel. Im Frühjahr decken Buschwindröschen den Waldboden als lichtes Meer, und ein leichter Wind treibt die

dürren Blätter der Hainbuchen durch die Luft, die dem frischen Grün Platz machen müssen. Im Herbst lässt sich wunderbar im Laub rascheln – und im Sommer angenehm baden. Auf der Mögginger Seite lockt eine kleine Badebucht mit einem sonnigen Steg, und die Einheimischen wissen, dass der Mindelsee immer zwei oder drei Wochen vor dem Bodensee Badetemperaturen erreicht.

Auch die Geschichte des Sees liest sich wie ein Krimi: Nahezu siebenhundert Jahre war er im Besitz der Familie von Bodman, die ihn aus kurzzeitiger Geldnot 1857 verkaufen musste. Über zwei Spekulanten ging der Mindelsee samt etlichen Riedwiesen an die Schweizerischen Eisenbahnen, die in großem Stil Torf als Brennstoff abbauen wollten, um ihn mit Lastkähnen über den Untersee in die Schweiz zu bringen. Der See sollte weiter abgesenkt und teilweise trockengelegt werden, aber die aufkommende Steinkohle rettete See und Wiesen, die 1871 in öffentliche Hand kamen. Ein Kaufgesuch von Johann Franz Freiherr von und zu Bodman-Bodman scheiterte, der Mindelsee blieb im Besitz des Landes →*Ba-*

Die stille Badebucht ist bei den Einheimischen sehr beliebt.

den beziehungsweise Baden-Württemberg.

Bereits im Jahr 1938 wurde der See zum Naturschutzgebiet erklärt, ein Jahr nach dem Feldberg im Schwarzwald, und ist damit das zweitälteste des Landes. Ein Modell und Informationen zum See finden Besucher mitten in Möggingen bei der Hauptgeschäftsstelle vom BUND Baden-Württemberg. Der BUND pflegt das Naturschutzgebiet im Auftrag des Regierungspräsidiums in Freiburg, die Geschäftsstelle mit zwanzig Mitarbeitern logiert in einer ehemaligen Mühle direkt neben der Dorfkirche.

Möggingen

Der Adler ist ausgeflogen. Werner und Helena Vayhinger, denen das Anwesen mit dem historischen Gasthaus lange Jahre gehörte und die darin eine renommierte Galerie unterhielten, sind mit ihrer Kunst nach →Singen gezogen. Direkt in die Nachbarschaft des MAC, des neuen Museums für Kunst und Karossen (Art & Cars). Wer nun also Hunger verspürt, muss in die Nachbarorte Liggeringen oder Güttingen ausweichen, wo es jeweils noch einen Adler gibt. Alle drei Dörfer gehören übrigens zu Radolfzell, damit da keine Missverständnisse aufkommen.

Doch Möggingen glänzt mit stillerer Attraktionen. Seit 2010 ist es Ökomusterdorf. Eine Biogasanlage erzeugt vier Mal so viel Strom, wie der Ort selbst verbraucht, und so viel Wärme, dass 140 von 186 Häusern ihre Ölheizungen abschaffen konnten. Sie alle sind an die Nahwärmeversorgung angeschlossen, genießen den Service der Radolfzeller Stadtwerke, frische Luft selbst bei Tiefdruckwetterlagen und mehr Platz im Keller. Liggeringen zog nach und wurde im März 2019 als Solarenergiedorf eingeweiht, mit Sonnenenergie und ebenfalls einem Blockheizwerk, das 100 Haushalte versorgt.

Auch das angesehene Max-Planck-Institut für Ornithologie residiert hier: mit einem spannenden Programm für Interessierte, MaxCine

So klein der Ort, so groß die Gemeinschaft: Zum Stadtjubiläum 2017 führten die Mögginger ein spektakuläres Schachspiel auf.

genannt. Bereits 1938 als Beringungsstation eingerichtet, zog die Vogelwarte kurz nach dem Zweiten Weltkrieg komplett ins Schloss Möggingen, das bis heute im Besitz der Familie Baron von Bodman ist. Die Forscher rund um Direktor Martin Wikelski arbeiten inzwischen im schicken Neubau. Wikelskis Vorzeigeprojekt heißt „Icarus" und erfasst Wander- und Zugbewegungen von

Das „Hennhouse" des Max-Planck-Instituts ist täglich frei zugänglich.

Vögeln und anderen Tierarten – Ziegen, Fledermäuse, Galapagos-Schildkröten und Aale –, seit 2018 unterstützt von der Internationalen Raumstation ISS. Näher liegt das „Hennhouse", links von der Landstraße Richtung Güttingen im ehemaligen Hühnerstall des Schlosses. Darin wurde ein Medienraum eingerichtet, der die Forschungen erklärt. Hineinsehen lohnt sich.

Und der Adler? Von den neuen Besitzern werden nur die Gastzimmer weiterhin vermietet. Im Sommer an die Crew der Vorabendserie „WAPO Bodensee", die zumeist unten am See dreht. Am roten Gebäude neben dem Radolfzeller Surfplatz hängt dann das Schild „Polizei". Nicht zuletzt hat der Naturschutzverband BUND seine Baden-Württemberg-Zentrale in Möggingen, die sich auch um den nahen →*Mindelsee* kümmert. Wieder eine der stillen Attraktionen des Ortes.

Most

Süßer und saurer Apfelmost ist ein erfrischendes und gesundes Getränk. In jeder Dorfkneipe im →*Thurgau* wird er angeboten, mit mehr oder weniger Kohlensäure, als Schorle oder pur, und auch auf der deutschen Seite ist der Most noch in vielen Gaststätten zu haben. Am besten schmeckt er offen und frisch gekeltert.

Perfekt passt er zum →*Dünnele*, das ähnlich dem elsässischen Flammkuchen weißen Schmand zur Basis hat und auch mit Äpfeln und Zimtzucker daherkommen kann. Gekeltert wird der Most aus Mostäpfeln und Birnen, die auf den Streuobstwiesen reichlich anfallen. Auch viele private Gartenbesitzer lesen die Äpfel ihrer alten hochstämmigen Obstbäume auf und bringen sie in die Mostereien. Zum Dank gibt es frischen Saft und Gutscheine, die im Laufe des Jahres eingelöst werden können. Wer keine eigenen Bäume hat, kann sich auf den Wochenmärkten Apfelsaft („süße Most") in Flaschen und Kanister abfüllen lassen oder direkt einen Becher trinken.

Dass die Wahl des Getränks ein Beitrag zur Landschaftspflege ist, wissen die

Günther Schäfer, Chef der Streuobstmosterei von Radolfzell-Stahringen, hat einen Birnen-Aperitif entwickelt.

wenigsten: Unermüdlich setzt sich beispielsweise Günther Schäfer für die Streuobstwiesen ein, die früher als blühende Gürtel die Dörfer am See umgaben. Der promovierte Historiker betreibt eine Streuobstmosterei in Radolfzell-Stahringen und experimentiert mit alten Sorten. Besonders die Birnen haben es ihm angetan, die extra schwer zu vermarkten sind. Außerdem seien sie „kapriziös wie Rennpferde – und jedes Jahr anders". So hat er neben verschiedenen Limonaden den „Birnoh" entwickelt, einen Aperitif aus Birnensaft, den inzwischen auch etliche Mitstreiter im Schwarzwald und aus dem Schwäbischen herstellen.

Blühende Obstbäume auf der Halbinsel Höri

Im Frühjahr schenken die Streuobstwiesen mit ihren duftigen Blüten den Bienen und Hummeln Nahrung und geben ein anmutiges Bild für Spaziergänger ab. Darunter wächst eine vielfältige Wiese voller Wildkräuter. Auf der Höri, am Bodanrück und im Thurgau sind noch immer viele dieser Schätze zu finden. Der Artenreichtum der Streuobstwiesen ist unvergleichlich, und so ist es schade um jede einzelne, die verschwindet. Nachdem in den letzten Jahrzehnten nicht nur der Siedlungsdruck, sondern auch die Rationalisierung der Landwirtschaft Priorität hatte und immer mehr Apfelplantagen mit Spalierobst entstanden, beginnt man sich im 21. Jahrhundert wieder auf den Wert dieses „extensiven Anbaus" zu besinnen. Noch braucht es Prämien für den Landwirt, damit er die Streuobstwiesen pflegt. Aber auch der Absatz bestimmt das Geschäft: Also ran an den Most!

Mühlenweg-Museum

In der kunstsinnigen Gemeinde →*Allensbach* wohnen und wohnten Dichter und Denker, Meinungsforscher und Meinungsmacher. Eine Attraktion des Ortes wirkt auf den ersten Blick eher unscheinbar: das Mühlenweg-Museum, im ersten Stock des Bahnhofes untergebracht, in einer verwinkelten kleinen Wohnung, in der jahrzehntelang der Bahnhofsvorsteher lebte. 2009 wurden die Räume frei. Ein Glücksfall für die Gemeinde, die darin das literarische Museum für Fritz Mühlenweg, den großen Abenteurer, Mongolei-Reisenden und Bestsellerautor, einrichten konnte.

Bekannt wurde Fritz Mühlenweg, der 1898 in Konstanz geboren wurde und 1961 in Allensbach starb, durch sein preisgekröntes Buch „In geheimer Mission durch die Wüste Gobi". In acht Sprachen wurde es übersetzt, ein ungemeiner Erfolg der Nachkriegszeit. Der gelernte Kaufmann und Drogist nahm ab 1927 als Rechnungsführer an Sven Hedins letzter Ostasien-Expedition teil und bereiste bis 1932 dreimal die Mongolei. Er lernte Mongolisch und fand Freunde in der unwirtlichen Gegend. Bedachtsam und freundlich waren ihm die No-

maden entgegengekommen, vorurteilsfrei schildert er die fremde Welt. „Mit seiner Toleranz und dem Respekt war Mühlenweg seiner Zeit weit voraus", betont Kurator Ekkehard Faude. Noch heute werden vor allem seine Kinderbücher übersetzt und verlegt, im Museum sind sie erhältlich. Zum Beispiel „Der Familienausflug",

Im Museum: Sabine Schürnbrand liest in einem Schmöker von Fritz Mühlenweg.

schwungvoll illustriert von seiner Frau Elisabeth, selbst Malerin und gelernte Illustratorin. Das Buch geht auf eine wahre Begebenheit zurück, einen Sonntagsausflug der neunköpfigen Familie auf den nahen →*Bodanrück*, bei der ein Bube verloren gegangen ist. Das Bilderbuch ist neu erschienen, auf Deutsch – und auf Mongolisch.

Vom Bahnhof Allensbach aus startete der Bestsellerautor in den 50er-Jahren seine Lesereisen, einen schweren Holzkasten mit Glas-Dias im Gepäck. Auch dieser Kasten ist in der Ausstellung zu bewundern, genau wie ein Paar Ski, die

Klar und übersichtlich gestaltet: das Literaturmuseum in der früheren Bahnvorsteherwohnung

eine Nachbarin der Familie Mühlenweg auf dem Dachboden aufbewahrt hatte. Als sie vom Museumsprojekt hörte, brachte sie die weit gereisten Holzlatten vorbei, ein ganz besonderes Geschenk, wie Sabine Schürnbrand, engagierte Kulturchefin der Gemeinde und Initiatorin des Museums, erzählt. Gezeigt werden raffiniert geschnittene Original-Filme aus der Mongolei, zu hören sind Stimmen von Zeitzeugen. Entdecken lassen sich Notizbücher, Bilder und Dokumente, die unter anderem Mühlenwegs enge Freundschaft mit der Familie →*Otto Dix* belegen. Die Grafikerin Claudia Gnädinger, die das Museum optisch gestaltet hat, hat sie in Schubladen aufgeräumt und in Stelen integriert. So wirkt das kleine Museum hell und übersichtlich. Noch spannender wird es mit einer Führung: Gerne ist das Kultur- und Verkehrsbüro bereit, Sonderführungen für Gruppen zu organisieren. Wenn gewünscht auch mit Aperó oder Kaffee, so betont Sabine Schürnbrand beim jüngsten Besuch im gastfreundlichen Büro – im Erdgeschoss des Bahnhofs, der auch als Anlaufstelle für Besucher dient.

Obersee

In Sachen Obersee, das muss ich gestehen, stand ich lange auf dem Schlauch. Gedanken machte ich mir über die Redewendungen. „Übersee", sagen die Konstanzer manchmal, die häufiger mit der Fähre über den See fahren, um via Meersburg weiterzureisen. Oder sie reden „vom drüberen See", wie es die Galeristin Helena Vayhinger formulierte, als sie erklärte, woher ihre Matjes kämen: vom Fischer Geiger aus Unteruhldingen stammten sie und vom Felchen natürlich.

Obersee heißt der große Bodensee korrekt. Im Wortsinn, denn es ist der See, der oberhalb des Untersees liegt. Wie sollte der Rhein, der zwischen Bregenz und Rorschach in den Bodensee fließt, in einem schlammigen Delta übrigens, das vom Flugzeug aus gut zu sehen ist, denn sonst fließen? Nach unten eben, wie es das Wesen des Was-

Die Fähre zwischen Meersburg und Konstanz wird auch von Pendlern regelmäßig genutzt.

sers ist. Und so liegt der Untersee um etwa 20 Zentimeter tiefer als der Obersee. Als Seerhein fließt der Rhein durch die Stadt →Konstanz, vom Obersee in den Untersee. Der Untersee ist nur 62 Quadratkilometer groß und maximal 40 Meter tief. Das flache Wasser kann in einem langen und heißen Sommer schon mal zu warm werden. Der Obersee bleibt frischer, mit seiner Wassertiefe von maximal 251 Metern und einer Größe von 472 Quadratkilometern.

Entstanden ist der gesamte See während der letzten beiden Eiszeiten: Das Gletschereis schürfte die Seewanne aus und zurück blieb der See, nachdem sich das Klima wieder erwärmt hatte. Am weitesten voran kam der Rheingletscher während der Riss-Eiszeit, bis in das Gebiet der oberen Donau reichten die Eiszungen. Dabei entstanden der Überlinger See und der Untersee. Die letzte Eiszeit, die Würmeiszeit, lagerte wiederum zwei Moränenzüge ab, den →Bodanrück und den Thurgauer Seerücken. Glazialer Abraum sozusagen, der den Untersee am Konstanzer Rhein abschnürte und vom Obersee abtrennte. Über den Seerhein mit seinen Brücken können

Die älteste bewohnte Burg Deutschlands – in Meersburg am Obersee

nur flach gebaute Kursschiffe fahren oder Segelschiffe mit gelegtem Mast. Die Schiffsführer lernen alles Wichtige über diese Passage, wenn sie ihr Bodenseeschifffahrtspatent ablegen.

So ist es ein besonderes Erlebnis, mit einem Kursschiff von Konstanz Richtung Untersee auszulaufen, mit Halt in →Gottlieben. Oder auch einmal die Fähre nach Meersburg zu nehmen, die tagsüber ständig fährt und auch nachts den See stündlich überquert. Denn da staunen die Untersee-Bewohner wieder einmal: über die unfassbare Weite des Obersees.

Otto Dix

Die bescheiden niedrige Tür klemmt, vielleicht hat sich das Holz durch die winterliche Nässe verzogen. Doch da sie offensichtlich nicht abgeschlossen ist, hilft ein energischer Ruck am fischförmigen Türgriff: Die Petruskirche in Kattenhorn ist geöffnet und kann auch im Winterhalbjahr an den Wochenenden besucht werden. Am 13. Dezember 1959, am 3. Advent, wurde diese erste evangelische Kirche auf der →*Höri* geweiht, und sie zu bauen war für die kleinen Gemeinden ein wahrer Kraftakt in der klammen Nachkriegszeit. Doch immer mehr evangelische Bürger waren zugezogen, die einen Gottesraum brauchten und den Bau tatkräftig unterstützten. Einen Ort weiter, in Hemmenhofen, lebte Otto Dix (1891–1969). Und kein Geringerer als dieser weltbekannte Künstler, dem seine Professur in Dresden 1933 von den neuen Machthabern entzogen wurde und dessen Kunst als entartet galt, der auf der Höri Schutz suchte und letztlich in Hemmenhofen ein akzeptables Exil fand, hat die farbenprächtigen Glasfenster entworfen und ihre Fertigung eigenhändig betreut.

Dargestellt sind drei biblische Szenen rund um Petrus, zu menschlichen Ges-

Das Otto-Dix-Haus und der Garten liegen in Hemmenhofen, hoch am Hang.

Die Petruskirche in Kattenhorn birgt drei großformatige Fenster von Otto Dix. Hier das Bild „Die Verleugnung des Petrus"

ten, zu menschlichen Gefühlen verdichtet. Das hohe Bild auf der Altarseite vermittelt das Gefühl, beschützt zu werden, „Jesus und das gefüllte Netz" heißt es und leuchtet mit einer Fülle von Fischen. An der Seitenwand werden die Themen Verrat und Versöhnung aufgegriffen. Der Kirchenraum wirkt anziehend und lässt den Besucher doch nachdenklich zurück. Wie viele Spuren aus der Biografie des Künstlers sind hier zu entdecken? Die öffentlichen Aufträge waren in jedem Fall ein Segen für die Familie Dix. Auch →Singen ließ bei Otto Dix arbeiten: Das Trauzimmer im Rathaus wurde von ihm fantastisch ausgemalt, und für den Ratssaal fertigte er 1960 das monumentale Wandbild „Krieg und Frieden".

Das Wohnhaus der Familie Dix in Hemmenhofen wurde vom Stuttgarter Kunstmuseum übernommen, komplett saniert und als „Museum Haus Dix" 2013 neu eröffnet. Auch der Garten der Familie wurde rekonstruiert: Besucher dürfen darin spazieren, ein kleines Café bietet Erfrischungen. Im Keller wurden fröhliche Wandmalereien entdeckt. Er diente als Partyraum der Familie, denn Otto Dix war nicht nur ein großartiger Maler, sondern auch ein begnadeter Tänzer. Seine Frau Martha Dix, ausgebildete Pianistin, liebte genau wie Sohn Jan die Jazzmusik. Tochter Nelly, ebenfalls eine Künstlerin, starb mit gerade 32 Jahren. Sie schrieb Geschichten und bemalte fantasievoll ihre Möbel, die im Haus zu bewundern sind. Sohn Ursus, ein Restaurator, wurde 72 Jahre alt. Der jüngere Sohn, Jan Dix (1928–2019), gelernter Goldschmied und Musiker, lebte viele Jahre wieder am Untersee und hat uns ein fantastisches Geschenk hinterlassen: Er besprach eine Tonspur für den kostenlosen Medienguide des Museums. So können Besucher aus erster Hand erfahren, wie die Familie Dix hier gelebt hat.

Paradies

Manchmal liegt das Paradies sehr nah. Und manchmal scheint es doch ein rechter Pilgerweg zu sein, bis man es erreicht. Startet man beispielsweise in Gailingen, dem deutschen Ort am Hochrhein gegenüber der Stadt →*Diessenhofen* und wandert immer am Uferweg entlang Richtung →*Schaffhausen*, dann kann es sich recht dahinziehen. Denn das Kloster

Fährzeiten nach Bedarf – es muss nur geläutet werden.

Paradies ist die nächste Möglichkeit, den Fluss zu überqueren, eine Fähre lässt sich dort rufen, mit drei Schlägen an der Glocke beispielsweise. Dann setzt der Fährmann über vom Paradies nach →*Büsingen* und holt die Wanderer über den Rhein. Das allerdings nur im Sommerhalbjahr, von April bis in den Oktober hinein. Und das Paradies heißt nicht nur tatsächlich so, es bietet mit seinem sonnigen Wirtsgarten auch Manna und →*Most*, Wasser und Wein, ganz nach Bedarf. So war das Kloster allzeit eine Herberge für Pilger, die geistlicher oder auch körperlicher Nahrung bedurften.

Tatsächlich stammt der Name von einem Klarissinnenkloster namens „Paradies", das Mitte des 13. Jahrhunderts im Westen der Stadt Konstanz gegründet wurde, wie der Konstanzer Autor Patrick Brauns berichtet. Schon wenige Jahre nach der Gründung wurde es vor die Tore Schaffhausens verlagert, wo es insgesamt 500 Jahre als Kloster bestand. Die früheren Konventgebäude dienen heute als Tagungs- und als Ausbildungszentrum des Georg Fischer Konzerns. Die „Eisenbibliothek" (die Georg Fischer AG war früher eine Eisengießerei) ist öf-

Die Wirtschaft Paradies bei Schaffhausen existiert seit über zweihundert Jahren.

fentlich zugänglich. Ebenfalls erhalten ist die über 200 Jahre alte Klosterwirtschaft, das Gasthaus Paradies – und besagte Fähre, welche die deutsche Exklave Büsingen mit dem Ort verbindet.

Konstanzer und solche, die es gerne werden wollen, kennen das Paradies wiederum als begehrte Wohnlage der Universitätsstadt. Das gleichnamige Stadtviertel westlich der Innenstadt glänzt mit Gründerzeitvillen und viel Grün, aber auch mit enormen Mietpreisen. Die rund 4800 Studenten der früheren Fachhochschule in Konstanz, jetzt Hochschule für Technik, Wirtschaft und Gestaltung, kurz HTWG genannt, freuen sich ebenfalls über die Luxuslage: Ihre Cafeteria sieht samt Strandbar genau auf den Seerhein. Die Studierenden dürfen sich also über beste Aussichten freuen.

Peter Lenk

Lange Zeit war Radolfzell Lenk-freie Zone. In Konstanz drehte sich bereits zwanzig Jahre lang die Imperia auf dem Pegelhäuschen, in Überlingen hatte sich der Dichter Martin Walser längst grün geärgert, der unverkennbar griesgrämig auf dem Brunnen am Landungsplatz seinen „Bodenseereiter" gibt. Gaienhofen hatte seit 1997 seine Dix-Kurve, und selbst Berlin war bereits 1994 mit einer „Karriere-Leiter" beglückt worden.

Bis es sich eines Juli-Tages anno 2013 in Windeseile in der vom Bischof Radolf 826 gegründeten Stadt herumsprach, dass an diesem Tag ein Lenk enthüllt werden sollte. Ein Investor aus Singen, bekannt für seine gesichtslosen Großbauten, deren Hässlichkeit vor allem von oben betrachtet ins Auge sticht, wollte seinem neuesten Block mit Eigentumswohnungen ein unverwechselbares Merkmal aufdrücken. Also betätigte er sich als Sponsor und beauftragte den rebellischen Großkünstler Peter Lenk aus Bodman.

Ein essenzieller Bestandteil von Lenks Kunst sind immer die spannend inszenierten Enthüllungen: mit wohl ge-

Lenk-Brunnen an der Unteren Laube in Konstanz, Ausschnitt

setzten Sprüchen, vorgetragen zumeist von TV-Anwalt Ingo Lenßen, der wie Lenk in Bodman wohnt. Und hängt der Lenk an einer privaten Fassade wie hier, kann die Stadt nur zusehen. Was sie in Form des früheren Oberbürgermeisters Jörg Schmidt denn auch tat. „Kampf um Europa" heißt das monumentale Werk aus Steinguss, das sich an der Fußgängermeile zwischen Altstadt und Outlet-Center Seemax zeigt, und es dreht sich um Zocker und Waffenschieber, deren

Moral hinter der Geldgier verpufft. Zumindest sechs Jahre nach der Enthüllung ist es noch topaktuell. „Ich schaffe Archetypen", betont der Bildhauer stets, um juristischen Auseinandersetzungen vorzubeugen. So exponiert wie seine Figuren liebt er selbst es nicht. Bei der Enthüllung versteckt sich der Künstler gerne in der dritten Reihe.

Großes Spektakel bei der Enthüllung von „Kampf um Europa" in Radolfzell. Lenk steht mit weißer Kappe rechts im Publikum.

Seine Figurengruppen sorgen indes nicht nur am westlichen Bodensee für Diskussionen. Das neueste Werk trägt den Arbeitstitel „S21 – das Denkmal. Die Chronik einer grotesken Entgleisung". Die Enthüllung der modernen Laokoon-Gruppe steht Ende 2019 an, also weit vor der Einweihung des Stuttgarter Tiefbahnhofs. Die Imperia wiederum, die sich seit 1993 an der Hafeneinfahrt von Konstanz dreht, wurde inzwischen zum Wahrzeichen der Stadt. Als sommers einmal der Blitz einschlug und sie still stand, prompt mit dem Hintern zum Konzil, bat man den Künstler, doch bitte rasch für Abhilfe zu sorgen. Seine Kurtisane war damit endgültig rehabilitiert.

P Pfahlbauten

Die reichen Fischgründe des Sees zogen bereits in der Steinzeit die Siedler an. Doch auch die Menschen mussten sich, genau wie viele Tier- und Pflanzenarten, auf wechselnde Wasserstände von zwei bis drei Metern innerhalb eines Jahres einstellen. Also bauten sie ihre Häuser auf Pfähle, meist aus Eichenholz, und deckten die Dächer mit Gras, mit Holzschindeln, Zweigen, Rinde oder Schilf. Seit 2011 sind die Pfahlbauten UNESCO-Weltkulturerbe: Exakt 111 Fundstätten in sechs Alpenländern bekamen den be-

Die Archäologen im Landesamt für Denkmalpflege rekonstruierten die Allensbacher Sandalen. In Hemmenhofen konnten sie am Tag des offenen Denkmals bewundert werden.

gehrten Titel. Sie zeigen Siedlungsspuren von der Jungstein- bis zur Bronzezeit, wurden also von 4300 bis 800 vor Christus erbaut. Auch am Untersee standen Pfahlbauten, gesichert sind 36 Orte mit teils einzigartigen Fundstücken, die gut konserviert aus dem Schlick geborgen werden konnten. Bei Allensbach wurden beispielsweise Sandalen aus Lindenbast gefunden, über 4800 Jahre alt: Sie gehören zu den ältesten Kleidungsstücken in Europa und sind älter als die ägyptischen Pyramiden.

Als erste Siedlung wurde 1856 die Seeufersiedlung Wangen-Hinterhorn entdeckt, die Funde wurden zunächst nicht nur in deutsche, sondern auch in britische und französische Museen gebracht. Heute sichert das Museum Fischerhaus in →Wangen auf der →Höri die Geschichte des Ortes: Anschaulich werden die Werkzeuge und Gefäße der Zeit präsentiert, der größte Vorratstopf des Bodensees aus der „Pyner Kultur" steht in einer eigenen Vitrine. Eine Kopie des „Wangener Hutes" aus Lindenbast darf sogar aufprobiert werden: im kleinen Museum, das auch Kindern Spaß macht. Begehbar ist das rekonstruierte Pfahlhaus unten am Ufer, nach langem Kampf des Fördervereins Fi-

scherhaus um den passenden Baugrund konnte es 2016 eröffnet werden. Bei hohen Wasserständen werden die Pfahlschuhe oft realistisch überschwemmt.

Eine der ältesten Siedlungen des →*Thurgau* ist wiederum Pfyn, im Tal der Thur gelegen. Bereits 3706 vor Christi Geburt errichteten erste Bewohner dort Pfahlbauten. Die archäologischen Funde sind so bedeutend, dass für den Zeitraum von 3840 bis 3507 vor Christus von der Pfyner Kultur gesprochen wird. Zur Römerzeit war Pfyn wiederum ein wichtiger Grenzort und verdankt der Lage „ad fines", an der Grenze, seinen heutigen Namen. Der Ort selbst ist vor allem für Geschichtsinteressierte spannend, ein kleines Museum wartet auch dort.

Gelungener Bau: Wichtig war dem Verein der Bauplatz unterhalb des Fischerhauses. So kann das Pfahlhaus gut betreut werden – und hat bei extremem Hochwasser nasse Pfähle. Aus der Zeit der „Pfyner Kultur" stammt der größte Vorratstopf des Bodenseeraumes (oben).

R Radfahren

Der Trend geht zum Zweitrad. Selbst die Studierenden in Konstanz haben häufig zwei Räder: das betagte Citybike für den Weg zur Uni – und das schicke Mountainbike für die sportlichen Touren über den Bodanrück.

Auch die Wege trennen sich. Über die Nebenstraßen auf der →*Höri* und hinauf auf den →*Schiener Berg* quälen sich die Rennradfahrer mit ihren leichten Rennern, ohne Licht und Klingel oder anderen Ballast. Sie tragen eng anliegende Trikots und Spezialschuhe für die Klickpedale. Auf den Waldwegen haben wiederum die Mountain-

Gerade die kleineren Städte am See, hier Radolfzell, sind ideal für Radfahrer.

biker Fun, die sich halsbrecherische Rampen bauen und hier und da in Konflikt mit den Spaziergängern geraten. Rund um den Zoll Ramsen hinauf zum Schiener Berg haben sie Trails mit unterschiedlichen Schwierigkeitsgraden angelegt, Sonntags treffen sich dort die Freaks. Im Hegau rund um den Hohentwiel wurden zwei WM-Marathon-Runden für Mountainbiker ausgeschildert: Einstieg ist beim Seehas-Halt „Singen-Landesgartenschau".

Nun, und dann gibt es immer noch die große Menge an Genussradlern, die zumeist mit Trekkingrädern unterwegs sind. Immer öfter haben sie allerdings Unterstützung durch Batterien, die Pedelecs boomen. Kommt einem ein Rentner mit dem stolzen Gesicht eines Zweijährigen entgegen, der gerade laufen gelernt hat, ist es bestimmt ein beflügelter E-Biker. Der Verkehrsminister des Landes startete im Frühling 2019 bereits ein Angebot für Fahrtraining, da auch die Unfälle zugenommen haben: Die Fahrer sind oft wenig geübt. So empfiehlt es sich für jedermann, nicht nur gut aufzupassen, sondern auch Helm zu tragen. Leihweise haben wir die E-Bikes schon selbst getestet: Auch die Rheinroute

Eine Mountainbiker-Gruppe unterwegs auf der Hegau-Runde

verfügt über manch giftige Steigung, und der Radius wird eindeutig größer. Kann man damit doch mal eben über den Seerücken hinein in den →*Thurgau* fahren. Oder entlang der Ostschweizer „Wein-Route" Nr. 26 von →*Schaffhausen* über den →*Rheinfall* und die →*Kartause Ittingen* bis nach Weinfelden (www.schweizmobil.ch).

Der Bodensee ist eindeutig Radfahrerland: Überall sind die Routen bestens markiert, die abseits oder zumindest gut abgetrennt von den Hauptstraßen verlaufen. Abwechslungsreich ist beispielsweise die Höri-Runde, die einmal um die Halbinsel führt. In den Touristinformationen sind allenthalben Broschüren mit Vorschlägen vorbereitet: Ein besonderes Angebot sind die literarischen Radtouren am Untersee und auch die neuen Gartenrouten. Spezielle Radreiseveranstalter bieten mehrtägige Touren mit Gepäcktransfer an. Sollte ein Urlauber spontan auf die Idee kommen, einmal wieder aufs Rad zu steigen: Allein in Radolfzell, einer Stadt von 32 000 Einwohnern, stehen zwei große Radgeschäfte mit Leihangebot zur Verfügung. Dazu ein Extra: Das Radfahren ist hier, mit der nötigen Rücksichtnahme, sogar in der Fußgängerzone erlaubt. Also bleibt nur noch eine Frage: Mit welchem Rad wollen Sie starten?

Radolfzell

Eine Stadtführung ist wie immer erhellend, selbst Bewohner Radolfzells stellen fest, wie achtlos sie an mancher Ecke vorbeilaufen. Der Rundgang beginnt im Stadtmuseum, das im Haus der alten Stadtapotheke eingerichtet wurde, fünf Schritte vom Bahnhof entfernt. Der Apotheke war bis 1998 in Betrieb, das Ladengeschäft ist originalgetreu er-

An manchen Festtagen kann man auf den Münsterturm steigen. Ein Weg, der sich lohnt

halten. Auf der Dachterrasse wurde ein Kräutergarten angelegt, und der Blick auf den Seetorplatz und das Münster lohnt sich nicht nur an Markttagen.

Vor einem Modell im ersten Stock des Museums erklärt Stadtführerin Sybille Probst-Lunitz die Entwicklung: 826 wurde Radolfzell von Bischof Radolf von Verona gegründet, als seine „Cella Ratoldi". Hier plante er den Ruhestand zu verbringen, nachdem ihm eine Ansiedlung auf der Reichenau selbst nicht gewährt wurde. Bald brachte er wertvolle Reliquien für seine neue Kirche mit *(→Hausherrenfest)* und der Ort entwickelte sich. 1100 wurde Radolfzell Marktort, 1267 befestigt und zur Stadt erhoben.

Bis Mitte des 19. Jahrhunderts kam die Stadt allerdings kaum über ihren mittelalterlichen Mauerring hinaus, erst mit dem Anschluss ans Eisenbahnnetz im Juni 1863 begann sie rasant zu wachsen: Der Schweizer Jacques Schiesser gründete hier seine Trikotagenfabrik, das berühmte Feinripp sei „besonders geeignet für Sportsleute aller Art", so die Werbung. Die Firmen Allweiler, die heute vor allem Pumpen herstellt, und Hügli mit Fer-

Ölberggruppe vor dem Münster

tigsuppen und Gewürzen zogen nach. Den mühseligen Weinbau an den umliegenden Hängen haben die Radolfzeller daraufhin bald aufgegeben.

Auch die unrühmliche Epoche des Nationalsozialismus mit der Ansiedlung der SS-Kaserne wird bei der Stadtführung nicht ausgespart, die Gedenktafel unterhalb des Münsters eignet sich für dieses Kapitel.

In der Nachkriegszeit besann sich Radolfzell auf seine christlichen Wurzeln: Das Hausherrenfest wird inbrünstig gefeiert, und das katholische Münster ist nicht nur an diesem hohen Festtag bis zum letzten Platz besetzt. Die Fasnachtszünfte tragen wieder ihr Häs und pflegen das Kleppern, und die Musikkapellen kehrten zu Swing und Jazz zurück. Rund 2000 Zeller spielen heute selbst ein Blasinstrument, und so finden sommers sagenhafte Konzerte statt: auf dem Marktplatz, in der Altstadt und am Seeufer. Auch die Halbinsel →Mettnau mit den Kurbetrieben gehört zur Stadt, dazu etliche umliegende Orte wie das „Storchendorf" Böhringen, Markelfingen, →Möggingen und Liggeringen. Letztere werden die „Bergdörfer" genannt, was ihre Bewohner nicht so gerne hören, denn es klänge ein wenig rückständig. Dabei sind sie ganz vorne dabei, da oben auf dem →Bodanrück.

Reichenau

Egal von welcher Seite man sich nähert, von →*Allensbach* mit der Schifffahrt Baumann, von Iznang oder Mannenbach mit einem der Kursschiffe oder ganz banal mit dem Fahrrad oder Auto über den pappelbestandenen Damm: die Reichenau ist eine Insel. Das spürt der Reisende ganz genau, während die Silhouette aus dem Morgendunst auftaucht und die Kirchen sich akzentuiert vom Himmel abzuzeichnen beginnen. Wer das Auto benutzt, sollte es spätestens auf dem ersten großen Parkplatz linker Hand abstellen, die Insel ist ideal für Wanderer und Radfahrer – und das gemächliche Tempo bietet sich an, um diese jahrtausendalte Kulturlandschaft zu ergründen. Im Jahr 2000 wurde die Klosterinsel mit den drei romanischen Kirchen als UNESCO-Welterbe geadelt: Fluch und Segen zugleich, denn nun

Ausblick auf den See Richtung Allensbach und Bodanrück

Die Hochwart ist Aussichtspunkt, Töpferei und Café zugleich.

kommen noch mehr Besucher zur Besichtigung.

Die erste der drei Kirchen, vom Damm kommend, ist St. Georg – vielleicht die liebenswerteste, mit prächtig restaurierten Fresken ein Wunder zum Staunen und Verweilen. Die Wohltaten des Jesus von Nazaret sind hier dargestellt, und so oft man die zarten Bilder betrachtet, so oft gibt es Neues zu entdecken: Großartig, wie Jesus in der Barke den Sturm auf dem See Genezareth beruhigt oder einen Wassersüchtigen heilt. Eine Tafel im Vorraum bittet inständig, die Türen geschlossen zu

halten: Jeder Besucher, der mit einem Schwall warmer Luft von draußen kommt, lässt Feuchtigkeit an den empfindlichen Fresken kondensieren. So mussten sich die Denkmalpfleger entschließen, die Kirche von Mai bis September nur noch für zwei Führungen am Tag und die Gottesdienste zu öffnen. Dazu die Bitte um Respekt und eventuell eine Spende für den Unterhalt der 1200 Jahre alten Kirche.

Hinter dem windschiefen Gotteshaus ein kleiner Gemüse- und Kräutergarten und ein stilles Plätzchen im Gras, das Wanderer in der Nebensaison auch einmal ganz für sich haben können. So erfrischt kann man sich nun auf den Weg machen, entlang des Ufers, mit schönen Ausblicken durch das Schilf, über Hausgärten und Wiesen hinweg. Im Sommer stellen die Bewohner Tischchen hinaus, mit Tomaten und Zucchini, Paprika oder Mirabellen. Gegen kleines Geld kann man hier in der Ernte schwelgen. Das Klima der Reichenau ist ungewöhnlich gut, mild und überschlagen warm selbst im Winter, sodass hier Auberginen und Kiwi im Freien reifen.

Ein Rundweg für Fußgänger führt rings um die Insel, einen Tag sollte

Der Hortulus von Walahfrid Strabo vor dem Münster in Mittelzell

man dafür schon einplanen. Denn natürlich muss auch das Münster in Mittelzell besucht werden: Riesig wirkt diese frühere Klosterkirche im Verhältnis zu St. Georg, und sie beeindruckt mit einem offenen Dachstuhl. Erbaut aus massiven Holzbalken, wie ein Schiff, das umgekehrt auf dem Kirchenschiff thront. Dahinter der berühmte Klostergarten, die Wiege des Gartenbaus in Europa. Der Abt Walahfrid Strabo hat ihn Mitte des 9. Jahrhunderts in ähnlicher Art und Weise angelegt, wie er jetzt rekonstruiert wurde. Er beschrieb den „Hortulus", den Garten, und seine Heil- und Gewürzkräuter aufs Genauste, und noch heute kann man im wohlsortierten Inselladen in Mittelzell seine lehrreiche Schrift erwerben. Oben am Dorfplatz hat ein Museum geöffnet, das die Geschichte der Insel darstellt. Daneben ein außergewöhnliches Café mit Platz zum Schmökern, Kuchenessen und Kartenschreiben: 4000 Bücher können hier gratis ausgeliehen werden, denn Bücher sind die Leidenschaft des Besitzers Patricio Garcia.

Die Kirche mit den Doppeltürmen heißt wiederum St. Peter und Paul und liegt in Niederzell, dem dritten der Ortsteile. Ein Strandbad wartet gleich daneben – mit historischen Umkleidekabinen und neuem Bistro. Das Wasser ist glasklar, wie im ganzen Bodensee. Vorbei am Campingplatz Sandseele, dem Strandhotel Löchnerhaus und der Schiffslände geht es nun quer über die Insel und den Aussichtspunkt Hochwart zurück nach Oberzell, zurück nach St. Georg. Denn wenige Schritte von unserer Lieblingskirche wartet der Höhepunkt jedes Reichenau-Tages: ein Besuch des Fischrestaurants Riebel – eigentlich eher eine Fischbude, mit Biergarnituren unter dem schützenden Dach. Aber das gebratene Fischfilet von → *Felchen*, Zander oder Kretzer schmeckt sagenhaft. Dazu kommt frisches Gemüse oder Salat, ein Gläschen kühler Müller-Thur-

Die Fresken in der Kirche St. Georg

gau aus den Weingärten nebenan – und das Leben am See ist wieder einmal unschlagbar.

Rheinfall

Wer in →*Schaffhausen* aufbricht, um den größten Wasserfall Mitteleuropas zu besuchen, hat zwei beste Möglichkeiten: Die schnelle Variante startet am Bahnhof, man nimmt den Trolleybus der Linie 1 Richtung Herbstäcker bis Neuhausen Zentrum und geht von dort aus zehn Minuten zu Fuß. Auch der Zug fährt nach Neuhausen SBB. Die zweite beste Möglichkeit dauert etwas länger, ist aber bei Weitem spannender: Man spaziert auf dem Wanderweg (oder radelt auf dem parallelen Radweg) rechtsrheinisch immer am Fluss entlang, zunächst am Kraftwerk vorbei, keine Sorge, alles richtig. Immer weiter bis zur letzten Fußgängerbrücke über den Rhein nach Flurlingen beziehungsweise Richtung Schloss Laufen.

Wir empfehlen, die Seiten dort nicht zu wechseln, sondern rechtsrheinisch zu bleiben. Ab da sind Fahrräder verboten (eventuell schieben oder anschließen), der Weg wird schmaler – der Fluss dafür immer wilder, bereits hier hört man es in der Ferne rauschen. Stromschnellen und Kreisel häufen sich, von einer kleinen Aussichtsterrasse kann man einen ersten Blick erhaschen. Ja, und dann ist er da, der Rheinfall: Auf einer Breite von 150 Metern fällt das Wasser 23 Meter in die Tiefe, pro Sekunde rund 373 Kubikmeter, im Sommer gerne das Doppelte. Der hohe Felsen inmitten des Beckens ist gischtumtost, Aussichtsboote schaukeln von der Neuhauser Seite aus zum Felsen, lassen die Wagemutigen aussteigen und sammeln sie nach kurzer Zeit wieder ein. Diese Minikreuzfahrt ist ein toller Trip und lohnt sich unbedingt. Die rechte Seite wartet mit altmodischen Kiosken sowie einem guten

Der Rheinfall in seiner vollen Breite, rechts das Schloss Laufen

Restaurant auf, sollte gerade ein Sommergewitter über dem Wasserfall herunterkrachen.

Der Felsenweg vom Schloss Laufen wiederum, die Alternative auf der linken Rheinseite, ist ebenfalls hübsch – und hübsch erfrischend durch die aufschäumende Gischt, aber zumeist von Busladungen von Touristen aus aller Welt bevölkert, die um den besten Standort für das Foto rangeln. Doch wie auch immer man kommt und von welcher Seite, der Rheinfall ist in Natura weit beeindruckender als auf dem Foto und nicht umsonst eine der Topsehenswürdigkeiten in Europa. Eine Sammlung von Rheinfall-Gemälden zeigt das Museum zu Allerheiligen in Schaffhausen. Selbst der britische Maler William Turner hat den mächtigen Wasserfall bewundert – und 1806 in Öl gemalt. Dieses Original allerdings hängt in Boston.

Schaffhausen

Angenehm ist es, mit dem Zug nach Schaffhausen zu reisen. Keine fünf Schritte vor dem Bahnhof beginnt die Fußgängerzone, in drei Minuten ist man bereits auf dem Fronwagplatz und damit mitten in der Stadt. Ein trefflicher Ort, um einen Apfelmost oder einen Schümli-Kaffee zu trinken und zunächst einmal anzukommen.

Im Mittelalter hieß der freie Platz „Zum Markt" und diente als Marktstätte, mit Bäckern, Gemüsehändlern und Metzgern. Später wurden hier die Güter gewogen, die in Schaffhausen auf Karren umgeladen werden mussten, um den →Rheinfall auf dem

Der Munot beherrscht das Stadtbild – hier der Wohnturm hinter den Dächern der Altstadt

Landweg zu umgehen. Auf dem Fronwagplatz stehen gleich zwei sehenswerte Brunnen, der Mohr vom „Mohrenbrunnen" stellt Kaspar dar, den jüngsten der Heiligen Drei Könige, prächtig ausgestattet mit Goldpokal, Krummschwert und Schild. Obst und Gemüse kann man noch heute am Marktstand kaufen, in Herbst und Winter werden Kastanien geröstet.

Einen Platz weiter, am Herrenacker, findet man die Tourist-Information: Der große Raum im Erdgeschoss des ehemaligen Kornhauses ist sehenswert, mächtige Holzpfeiler tragen die Balkendecke. Vor lauter Staunen sollte man nicht vergessen, sich nach den aktuellen Ausstellungen im Museum zu Allerheiligen und dem Theaterprogramm zu erkundigen. Das Stadttheater stammt zwar nicht aus dem Mittelalter (wie das in →Konstanz), sondern aus den 1950er-Jahren: Die geschwungenen Treppenaufgänge und das Original-Interieur im Foyer sind eine Pracht, und wenn dann noch das Programm stimmt, nichts wie hin.

Ein verstecktes Kleinod ist der Kreuzgang zu Allerheiligen aus dem 12. und 13. Jahrhundert, übrigens der größte Kreuzgang der Schweiz. Er umschließt den Junkerfriedhof, heute eine Garten-

Blick vom Munot auf Reben und Rhein – und auf die Dachlandschaft der mittelalterlichen Stadt

anlage. Nebenan wurde wieder ein Kräutergarten (→*Gärten*) angelegt, so wie ihn die Mönche im Mittelalter pflegten: eine grüne Oase inmitten der Stadt.

Der Munot, trutzige Festung und Wahrzeichen der Stadt, wurde von Schaffhausens Bürgern im 16. Jahrhundert in Fronarbeit erbaut. Noch immer wohnt der Munotwächter auf dem Turm und läutet abends um neun Uhr die Glocke, früher das Signal, die Stadttore und Wirtshäuser zu schließen. Heute feiern die Schaffhauser Bürger allerlei „Anlässe" hier, also runde Geburtstage, Hochzeiten oder Jubiläen. Hinaufsteigen muss man, denn der Blick von oben über die Stadt am Rhein ist unschlagbar. An der Rheinpromenade mit der Schiffsanlegestelle wartet zur Belohnung der „Güterhof" im alten Gemäuer, ein modernes Café, Bar, Lounge und Restaurant in einem: mit Flammkuchen und Gegrilltem, und mit Wein von den Winzern ringsum. An Schaffhausen kann man sich gut gewöhnen. Und es ist nicht verkehrt, zwei oder drei Tage dort einzuplanen, zumal, wenn noch der Rheinfall auf dem Programm steht.

Schiener Berg

An manchen Herbsttagen, wenn der Nebel am See nicht weichen mag, reicht es aus, eben hinauf auf den Schiener Berg zu fahren – und schon ist man in einer anderen Welt. Die Sonne lässt die letzten Äpfel leuchten, viele werden gar nicht mehr geerntet, zur Freude der Vögel. Im Winter wiederum kann auf rund 700 Metern Höhe bereits watteweicher Schnee fallen, während es unten regnet. Wenn das Wetter umschlägt, scheint die Alpenkette hinter dem Thurgauer Seerücken zum Greifen nah, schöne Aussichten, wohin man sich auch wen-

„S' Lädele" bietet alles Wichtige im Dorf an und entwickelte sich zu einem beliebten Treffpunkt.

det. Stundenlang kann man hier spazieren gehen, durch den Wald und die Wiesen, ab und an passiert man einen alten Grenzstein und läuft ein Stück über Schweizer Gebiet. Und während der Anstieg von Bohlingen oder Bankholzen hinauf steil ist und ein Eldorado für Mountainbiker, geht man auf dem Schiener Berg mehr oder weniger eben. Er bildet ein Plateau auf einem lang gezogenen Molasserücken, entstanden in der Würmeiszeit, genau wie der →*Bodanrück*.

Im Sommer findet hier oben ein beliebter Lauf- und Nordic Walking Tag statt, der Schienerberglauf. Start und Ziel ist am „Lädele" im Öhninger Ortsteil Schienen, das wiederum eine Institution ist: Der Dorfladen sorgt morgens für Kaffee und frische Brötchen, man kann Maultaschen aus Gaienhofen, Gemüse von der Höri und Räucherfisch aus Öhningen einkaufen und stets nebenbei das Neueste aus dem Ort erfahren. „S' Lädele" wird genossenschaftlich geführt, mit Bürgern von Schienen als Betreiber. Bei der Internationalen Grünen Woche in Berlin wurde er sogar zum „Dorfladen des Jahres 2019" gekürt, als praktisch ältestes von 300 Projekten dieser Art!

Wallfahrtskirche St. Genesius in Schienen, einem Ortsteil von Öhningen

Schräg gegenüber des Ladens steht die Wallfahrtskirche St. Genesius. Die romanische Basilika gehörte zu einem Kloster, das um 800 durch Graf Scrot von Florenz gegründet wurde. Die Kirche stammt wahrscheinlich aus der Mitte des 10. Jahrhunderts, der schlichte klare Raum wurde erst vor wenigen Jahren vollständig renoviert. Das Tabernakel wurde vom Goldschmied Jan Dix gestaltet, Sohn von →*Otto Dix.* Rechts vom Chor findet sich in einem jüngeren Holzaltar die über Jahrhunderte verehrte Madonna mit Kind, das „Gnadenbild" von 1430. Ein schmaler Kirchenführer erklärt die Kunstwerke. Und er verrät auch, was es mit den beiden Zifferblättern auf dem Dachreiter auf sich hat: Das ist die „geteilte Zeit" von Schienen. Das obere Zifferblatt zeigt die Minuten, das untere die Stunden.

Schifffahrt

Was wäre ein See ohne Schiffe? – Kein erst zu nehmendes Gewässer. Und da auch der Untersee durchaus viele Passagen bietet, die mit dem Schiff kürzer und bequemer sind, fahren von April bis Oktober die Kursschiffe kreuz und quer über den See, dazu kommen etliche kleinere Fährverbindungen. Beispielsweise die häufig genutzte Kurz-strecke der Schiffbetriebe Baumann, die →*Allensbach* mit Mittelzell auf der →*Reichenau* verbindet. Oder die Solarfähre auf der anderen Seite der Insel, zwischen Schiffslände und Mannenbach, zum Fußweg hinauf auf den →*Arenenberg*. Louis Napoleon, der spätere Kaiser Napoleon III., soll diese Strecke sogar etliche Male geschwommen sein, um eine seiner zahlreichen Liebsten auf der Insel zu besuchen.

Glückliche Begrüßung: Zum Saisonbeginn tauschen die Schiffsführer Sekt auf dem See. Hier die „MS Seestern" (vorne) und die „Stadt Radolfzell"

Auch ein Plattboot aus Holland, die Seewiefke, fand den Weg an den Untersee.

Die Radolfzeller schätzen wiederum ihre „Stadt Radolfzell", wie das moderne Kursschiff zur 750-Jahr- Feier der Stadtrechte 2017 neu getauft wurde. Im Auftrag der Bodensee-Schiffsbetriebe (BSB) verkehrt es zwischen Radolfzell, Iznang, Mannenbach und der Insel Reichenau. Perfekt für die Rückkehr nach anstrengenden Radausflügen sind alle Schiffe – nichts angenehmer, als das Bike abzustellen und sich ein Stück heimwärts schaukeln zu lassen.

Die Königin aller Schifffahrten bieten allerdings die Schweizer. Die Schweizerische Schifffahrtsgesellschaft Untersee und Rhein (URh) verbindet Kreuzlingen und →Konstanz mit →Schaffhausen. Besonders spannend wird es ab →Stein am Rhein in Richtung Schaffhausen: Dieses Teilstück gehört unbestreitbar zu den schönsten Stromfahrten Europas. Die Schiffsführer müssen sehr genau navigieren, die Fahrrinne im Hochrhein ist durch sogenannte Wiffen mit nummerierten grün-weißen Rauten markiert und verläuft oft im Zickzack. In →Diessenhofen ist die Brücke der limitierende Faktor, bei hohem Wasserstand muss das Führerhaus abgesenkt werden und es heißt, die Köpfe einzuziehen. →Büsingen ist ein „Halt auf Verlangen", wer aussteigen möchte, muss Bescheid sagen, sonst wird nicht angelegt. Schaffhausen von der Schiffslände aus zu entdecken, ist eine feine Alternative zur Ankunft am Bahnhof. Ach, und wer das Plaisier verlängern möchte, wählt die andere Richtung für seine Schiffspassage: Denn gegen den Strom dauert die Fahrt statt 1 Stunde und 15 Minuten gute zwei Stunden.

Seegang

Vom Start weg ein Erfolg: Der Fern-wanderweg Seegang, gut 53 Kilome-ter lang und lückenlos beschildert, führt von →*Konstanz* über den →*Bo-danrück* bis Überlingen. Oder von Überlingen nach Konstanz. Also ein-mal rund um den Überlinger See. Doch nicht etwa am Ufer entlang, son-dern mal oben über die Hügel, mit fantasti-schen Ausblicken aufs Blau, dann wieder durch schattige Tobel hinunter ans Wasser. Um bald wieder anzu-steigen ... Das Wesen

Der SeeGang ist gut be-schildert

des zertifizierten Premiumwanderwe-ges ist die Abwechslung. Kilometerge-nau werden die Wege schon in der Pla-nungsphase abgegangen und bewer-tet, nur 15 Prozent dürfen asphaltiert oder befestigt sein, Naturpfade sind Trumpf.

Dieses ausgefeilte System führt zu al-lerlei kuriosen „Umwegen". Auf Ra-dolfzeller Gebiet, lediglich zwei von 53 Kilometern, können Wanderer das perfekt erleben. Kommen sie bei-spielsweise von Bodman heraufge-schnauft, vorbei an der sehenswerten Burgruine Alt-Bodman, vorbei am Bi-son-Gehege mit Gaststube und Rast-platz, dann öffnet sich bei Liggerin-gen ein unglaublich weiter Blick: über den gesamten Untersee bis hinüber zur Alpenkette mit dem Säntis als höchstem Punkt. Die Halbinsel →*Mettnau* steckt sich wie ein langer Finger in den See, sie scheint auf die →*Insel Reichenau* zu zeigen. Dahinter die →*Höri*, dahinter der Thurgauer Seerücken. Und eben die Alpenkette, schneebedeckt und bilderbuchschön an klaren Tagen. Der vermeintlich di-rekte Weg durch den Wald biegt nun unvermittelt nach rechts in einen ei-gens angelegten Pfad ab, führt an ei-ner der Himmelsliegen vorbei zu ei-nem Hangried, ein seltenes Natur-denkmal. Ein kleiner Extra-Weg, der wieder eine Besonderheit zeigt – und „Erlebnispunkte" in der Bewertung einbringt. Nahe liegt nun der Hof Hö-fen, eine schöne Einkehr, nicht direkt am Seegang, aber auch nicht zu ver-fehlen, sollte einem der Sinn nach ei-ner Erfrischung stehen.

Noch gesperrt bleibt die Marien-schlucht, über Jahrzehnte eines der Topziele am See. Nach einem schweren

Ausblicke nach allen Seiten: Hier von der Steilkante zwischen Bodman und Liggeringen auf den Überlinger See

Hangrutsch im Mai 2015 wird aktuell ein Plan entwickelt, die Schlucht zu sichern und wieder zugänglich zu machen: Etwa ab 2021 soll das möglich sein. Die Schlucht und die Wäldereien gehören den Grafen von und zu Bodman, die seit über 900 Jahren in Bodman residieren. Gepflegt wird sie von den Gemeinden →*Allensbach* und Bodman-Ludwigshafen gemeinsam. Doch mit oder ohne die Marienschlucht: Der Seegang lohnt sich unbedingt. Ob einzelne Teilstrecken oder am Stück, Gepäcktransport und mehrtägige Pauschalen können gebucht werden. Alle Details und Webcams für die Vorfreude unter www.premiumwanderweg-seegang.de. Karten und aktuelle Tipps halten natürlich auch alle beteiligten Tourist-Infos bereit.

Seehas

Wer am Untersee unterwegs ist, wird ihm bald begegnen: dem Seehas. Denn das ist der weiße Zug auf der deutschen Seeseite, der alle halbe Stunde von →*Engen* über →*Singen* und →*Radolfzell* nach →*Konstanz* fährt. Von Radolfzell aus nah am See entlang mit Stationen in jedem Ort. Eine ausgesprochen praktische Verbindung, die von einer Tochtergesellschaft der Schweizer SBB betrieben wird. Das heißt: Die Züge sind sauber, leise, komfortabel – und pünktlich. Die Stationen werden auf dem Display angezeigt, dazu freundlich angesagt, sodass sich auch wenig geübte Fahrgäste leicht zurechtfinden. Der Seehas fungiert quasi als S-Bahn für die Unterseeregion. Bei besonderen Anlässen wie der →*Fasnet* oder dem Seenachtsfest in Konstanz wird der Takt verstärkt und weit über Mitternacht verlängert, sodass für ein sicheres Nachhausekommen gesorgt ist. Ergänzt wird der Seehas vom Seehäsle, der Querverbindung von Radolfzell bis Stockach. Nicht unter Regie der SBB, sondern der Südwestdeutschen Landesverkehrs-AG, die Unregelmäßigkeiten und Zugausfälle nicht immer verhindern kann. Wir lernen am See schnell: Die Schweiz kann Bahn! Das Nahverkehrsnetz ist gut ausgebaut, die Züge sind perfekt getaktet. Aus dem Takt geraten Reisende nur, wenn die Deutsche Bahn verspätet ist und die Schweizer Züge

Der Seehas am Bahnhof Radolfzell, das Seehäsle in Radolfzell-Stahringen

die Bahnhöfe gewohnt pünktlich verlassen. Zum Beispiel beim Übergang in Schaffhausen oder in Kreuzlingen. Da sollten Reisende besser einen Zeitpuffer einplanen, wenn sie beispielsweise zum Flughafen nach Zürich wollen. Dennoch sei auch die Deutsche Bahn, der Seehas, genau wie sein Schweizer Bruder, der Thurbo (Thurgau Express), wärmstens empfoh-

Thurbo heißt der Zug im Thurgau. Er verbindet die Orte am Schweizer Ufer des Untersees. Mit der „Fahrrad-Kombi" des Bodensee Tickets ist auch die Fahrradmitnahme kein Problem.

len. In den Zügen finden auch Fahrräder Platz, die geräumigen Mittelplätze sind entsprechend markiert. Im Seehäsle ist ihre Beförderung sogar gratis. Die meisten Gemeinden am Untersee, auch Radolfzell und Stockach, geben für ihre Übernachtungsgäste die „Bodenseecard West" aus, mit der sie umsonst Bus und Bahn fahren können. Wer seine Fahrscheine kaufen muss, sollte am Schalter nach Verbundtickets fragen – oder nach dem „Bodensee Ti-

cket". Letzteres gibt es für einen oder drei Tage, für eine Person oder eine kleine Gruppe, mit oder ohne Fahrräder, und es gilt über die Grenzen hinweg. Sogar für die Fähren, zum Beispiel die Linie zwischen Konstanz und Meersburg (Details über bodenseeticket.com). So kann man kreuz und quer durch die Region fahren und die Landschaft genießen. Wer mag, kann im Seehas aber auch lesen dabei: im Seehas, dem gleichnamigen Magazin.

Segeln

Kaum ist das letzte „Narri – Narro" der alemannischen Fasnet verklungen, sieht man die ersten Vorboten des Frühlings. Nein, nicht nur in den Vorgärten, sondern auch auf den Straßen: PKW mit mächtigen Anhängern, darauf die aufgebockten Dickschiffe. Die Boote kommen wieder! Nach und nach füllen sich die Jachthäfen, die den Winter über verwaist lagen, leere Stege sehen wieder Menschen und Poller die ersten Taue. Das emsige Tun ist wie das Zwitschern der Vögel, Vorfreude pur: auf die Saison und den Sommer, auf schöne Segeltörns und schnelle Ritte mit dem Surfboard. Noch ist es vielleicht ein wenig frisch, wenn die ersten Bretter und Boote zu Wasser gelassen werden, aber wozu gibt es Neopren- und Segelanzüge?

Die Windverhältnisse sind tückisch am gesamten Bodensee, das wissen Segler unisono: Entweder bläst er zu heftig, oder es herrscht Flaute. Kurz vor dem Gewitter fegen kräftige Böen über das Wasser, und die Gewitter kommen schnell zwischen den Bergen. Deshalb heißt es, gut auf die Sturmwarnungen zu achten, die mit

Jachthafen Radolfzell

unterschiedlich schneller Frequenz der gelben Lichtsignale an den Hafenmolen zur Vorsicht mahnen oder die Wassersportler zurückrufen.

Der unstete Wind ist wohl mit ein Grund, warum das Standup-Paddling gerade am überschaubaren Untersee in Mode gekommen ist. Mit dem breiten Board und dem Paddel ist man auch bei Flaute mobil. Die Könner schaffen es gar, die Reichenau zu um-

runden: ein Super-Training für den ganzen Körper. Dabei sollten gerade die Stehpaddler gehörig Abstand zum Ufer und den Schilfzonen halten, in denen Wasservögel brüten und rasten. So bitten die Naturschützer. Beim Bootsstüble in Wangen erfährt man derlei schon beim Ausleihen von Kanus und Kajaks. Denn Wassersport und Naturschutz sollen sich ja nicht ausschließen.

Singing

Der junge Schweizer Unternehmer Julius Maggi hatte eine pfiffige Idee. Nachdem er 1886 in seinem Heimatort Kemptthal zu seinen Fertigsuppen die flüssige Würze erfunden hatte, sann er auf die Möglichkeit, hohe Zollgebühren für den Export nach Deutschland zu sparen: Abfüllen in Deutschland war die Lösung, und Singen als Eisenbahnknoten nahe der Grenze bot

sich an. Am 1. Mai 1887 unterzeichnete er einen Mietvertrag für den hinteren Gebäudeteil der „Restauration Amann" und ließ vom Dorfpolizisten Mitarbeiter für seinen Betrieb ausschellen. Schon am nächsten Tag begannen sieben Arbeiterinnen und ein Vorarbeiter mit der Abfüllung von Maggi's Suppenwürze für den Verkauf in Deutschland.

Das war die Geburtsstunde der Industriestadt Singen am →*Hohentwiel,* die heute rund 46 000 Einwohner zählt und nach →*Konstanz* die größte Stadt am westlichen Bodensee ist. Weitere Schweizer Unternehmen wie die Eisengießerei Georg Fischer, heute Fondium, und die Aluminiumwerke siedelten sich an. Beide sind inzwischen die wichtigeren Arbeitgeber. Seit 1947 gehört die Marke Maggi zum Schwei-

Das Museum Art & Cars zeigt moderne Kunst und Oldtimer.

zer Nestlé-Konzern, und die Belegschaft wurde erheblich reduziert. Kohlköpfe werden auf den früheren „Liebstöckel-Feldern" nicht mehr angebaut, die Rohstoffe werden gefriergetrocknet angeliefert. Doch noch immer stellen rund 750 Mitarbeiter Tütensuppen und Fertigsoßen, Maggi-Ravioli und die Maggi-Würze her, der Schriftzug Maggi leuchtet weithin über dem Bahnhof. Auf den einstigen Feldern residiert im „Hegau-Tower" heute der Zoll, ebenfalls ein wichtiger Arbeitgeber im Grenzgebiet (→*Grenzverkehr*).
Gerne kommen die Schweizer Bürger zum Shoppen nach Singen – manchmal auch zum Kulturgenuss. Dabei legte Singen in den letzten Jahren enorm zu: Besonders das neue MAC, das „Museum Art & Cars", punktet unter dem Hohentwiel. Nach dem ersten sensationellen Bau mit erdigen Farben und einer weich geschwungenen Front wird 2019 schon das zweite Gebäude eröffnet. Schroff aufragend der Neubau, mit ausgefeilter Lichtregie und noch mehr Platz für Kunst und Karossen. Die Museen gehen auf die Initiative des Ehepaars Hermann Maier und seiner Frau Gabriela Unbehaun-Maier zurück, frühere Bauunternehmer, de-

Detail aus der Ausstellung Andy Warhol: Originale mit passendem Auto

ren Liebe zum Oldtimer legendär ist. Ebenfalls als private Initiative startete das Theater „Die Färbe", das 2018 bereits 40. Geburtstag feierte.
In der Kultur arbeiten die Gemeinden über die Grenzen hinweg eng zusammen: Bei der Museumsnacht im September werden Rathäuser, Museen und Ateliers von Singen bis →*Schaffhausen* geöffnet und auch beim Literaturfestival im April, der „Erzählzeit ohne Grenzen", wird bestens kooperiert. Last but not least glänzt das Kunstmuseum in Singen mit aktuellen Ausstellungen und verfügt selbst über eine umfangreiche Sammlung der Höri-Maler, darunter viele Werke von →*Otto Dix*, einem Freund der Stadt. Die größte Attraktion Singens ist aber zweifellos der Hohentwiel.

Steckborn

Wer mit dem Schiff nach Steckborn reist, wird zunächst vom mächtigen Turmhof angezogen. Der vierstöckige Bau mit den asymmetrisch versetzten Zipfeltürmen wurde um 1300 gebaut und war lange Amtssitz der Reichenauer Äbte: Im Mittelalter gehörte das Städtchen samt Umland dem Kloster. Am 26. Januar 1313 schenkte Kaiser Heinrich der VII. dem Abt Diethelm von Kastell das Markt- und das Stadtrecht für Steckborn.

Mit dem Turmhof waren zahlreiche weitere Rechte verbunden: Fischerei-

Das frühere Kloster Feldbach behrbergt heute ein modernes Hotel.

und Jagdrecht, das Recht, zoll- und gebührenfreie Waren vom See auf den Markt zu bringen (also eine Art Freihafen), sowie ein Asylrecht. „Jeder Verbrecher oder Verfolgte, der das stets offene Tor erreichte, durfte sechs Wochen und drei Tage lang unbehelligt bleiben", so heißt es in den Archiven.

Nach wechselnden Besitzern erwarb 1639 die Gemeinde den repräsentativen Bau, setzte ihm die geschweifte barocke Dachhaube auf und gestaltete die vier Ecktürme ebenfalls nach der aktuellen Mode, also barock. Der Turmhof wurde zunächst Wohngebäude, dann Arbeitsanstalt und Schulhaus, später Armenhaus der evangelischen Kirche. Inzwischen logiert ein Museum im Gebäude, von Mai bis Oktober kann die vielfältige Sammlung über drei Stockwerke hinweg bestaunt werden: von Pfahlbaufunden der Insel Werd bis hin zum ersten im Kanton →*Thurgau* zugelassenen Automobil. Ein Schwerpunkt ist der Steckborner Ofenbau mit Keramiken aus dem 18. und 19. Jahrhundert.

Ein Stückchen weiter Richtung →*Stein am Rhein* erreicht man das ehemalige Kloster Feldbach. Heute ist hier ein

Der Turmhof ist vom Schiff aus besonders gut zu sehen.

modernes Tagungshotel untergebracht, mit Restaurants und Sommerterrassen und einem schönen Garten, der nahtlos an den öffentlichen Park anschließt. Wer im Hotel logiert, kann also bereits morgens an einem der Badetreppchen ins Wasser klettern und eine Runde im Untersee schwimmen. Auch Tagesbesucher finden schön schattige Plätze im Park.

Die dritte Sensation Steckborns hat ihren Ursprung in der Textilindustrie: Erfinder Friedrich Gegauf produzierte hier die erste Hohlsaum-Nähmaschine der Welt. Unter der Marke Bernina werden bis heute Nähmaschinen in alle Welt exportiert. Zumindest die älteren Exemplare halten ein Leben lang. Eine davon begleitet die Autorin seit ihrer Schulzeit.

Stein am Rhein

Das Städtchen Stein am Rhein wärmt die Seele. Eine kleine charmante Gemeinde mit rund 3200 Einwohnern, liebevoll geführt und reich an Kunstschätzen. Dazu ist es eine Touristenattraktion ersten Ranges, sodass der Marktplatz im Sommer vor Besuchern wimmelt, fast wie der Markusplatz in Venedig.

Doch hier wie dort helfen fünf Schritte, zum Beispiel durch die Schwarzhorngasse hinunter zur Schifflländi, die nicht ohne einen Stopp beim Bäcker abgehen sollten. Im winzigen Verkaufsraum duftet es stets verführerisch, und das Gebäck verdient höchstes Lob: Ein knuspriges Gipfeli oder eine Nussstange, und der Tag kommt noch freundlicher daher. An der Schifflländi

Stein am Rhein von der linken Rheinseite aus gesehen. Oben die Burg Hohenklingen

kann man sommers mit dem Kursschiff rheinabwärts Richtung Schaffhausen (→*Schifffahrt*) oder über den Untersee bis →*Konstanz* und Kreuzlingen ablegen – oder auf einem Bänkchen die Beine baumeln lassen und dem Treiben zusehen. Wer über die Rheinbrücke geht und sich nach links wendet, gelangt zur Klosterinsel Werd (→*Inseln*), ein stiller Ort der Einkehr. Rechts hinunter spaziert man zur Probstei Wagenhausen, im Inneren finden sich Fresken aus dem Mittelalter.

Jeder Bummel durch die engen Gässchen bringt neue Entdeckungen. Auch fürs Kloster St. Georgen, die Keimzelle der Stadt aus dem frühen 11. Jahrhundert, lohnt es, sich Zeit zu nehmen: Der Garten im Innenhof ist ein Traum, inklusive Blick hinüber nach Werd. Auch ins Bürgerasyl, das frühere Stadtspital direkt neben der Touristinformation, sollte man hineinsehen. Wenn man es durch den Hinterausgang verlässt, an der Künstlerresidenz Chretzeturm vorbei und weiter durchs Obertor geht, erreicht man die Weinberge, in denen der köstliche Pinot der Stadt wächst. Über schmale Treppenwegchen steigt man in rund vierzig Minuten hinauf zur Burg Hohenklingen, wo ein fantasti-

Ausblick – die Kunststele steht an der Schiffsländi.

scher Blick über die Stadt und den Rhein die Mühe belohnt. Auch die Burg wurde mustergültig renoviert und kann besichtigt werden, ein Restaurant in den historischen Räumen wartet mit bester Schweizer Küche auf. Dazu darf ein Dezi des heimischen Weines natürlich nicht fehlen.

Theater

Die Konstanzer lieben ihr Theater. Nicht nur, weil es einzigartig ist: Es ist das älteste bis heute bespielte Stadttheater Deutschlands. Das Foyer im Erdgeschoss

Das Stadttheater in Konstanz

mit den mächtigen Balken ist vorn und hinten geöffnet, Zuschauerraum und Bühne liegen einen Stock höher. Nur rund zweihundert Plätze bietet das Haus von 1607, weshalb zudem die „Werkstatt" in der nächsten Gasse und die „Spiegelhalle" unten am Hafen bespielt werden. Ab und zu tanzt das Theater zusätzlich im Zelt, auf einem Schiff oder im Sommer vor dem Konstanzer Münster. Unvergessen die Aufführung „Der Glöckner von Notre Dame", wobei der bucklige Hauptdarsteller an der Fassade turnte und den Turm mit einbezog. Regie führte Christoph Nix persönlich, Intendant des Konstanzer Stadttheaters, der immer wieder neue Überraschungen im Gepäck hat und nicht müde wird, an die gestaltende Kraft des Theaters zu glauben. Ab 2021 waltet seine Nachfolgerin, der man Mut und ebenfalls ungewöhnliche Ideen wünscht. Denn während die Konstanzer ihren Intendanten lieben, hadern die Stadtoberen und vor allem der Kulturbürgermeister eher, zumal sie oft weniger die Kunst als den vermeintlich guten Ruf und die Moneten im Blick haben.

Zum Jahreswechsel zumindest stimmen auch die Einnahmen: Sechs ausverkaufte Vorstellungen auf allen drei Bühnen, die

Das See-Burgtheater in Kreuzlingen berückt seine Zuschauer vor allem im Sommer. Der See schimmert durch die Kulissen der Dreigroschenoper.

Zuschauer zeigen sich aufgeräumt und wohlgemut, und auch der Intendant freut sich über sein volles Haus. In der Werkstatt läuft ein Liederabend mit den wüsten Moritaten von Georg Kreisler, und man sitzt kommod mit einem Gläschen Sekt wie im Wiener Kaffeehaus. Einige Schritte weiter, im schönen und weitläufigen Seeburgpark in Kreuzlingen, baut im Sommer das „See-Burgtheater" seine Bühne auf. Mal zwischen Baumriesen wie beim Rockmusical „Black Rider", mal direkt am See, wie bei der „Dreigroschenoper". Dann krächzen schon einmal die Raben dazwischen, oder ein Schiff gleitet hinter der Bühne entlang. Die Zuschauer sitzen hier fein überdacht, sollten aber an eine wärmende Decke denken, damit es kuschelig bleibt. Doch bei jedem Wetter: Auch diese Open-Air-Spektakel sollte man sich nicht entgehen lassen.

Thurgau

Viele Bodenseebesucher kennen die Uferlinie des Kantons Thurgau. Am Untersee ist sie besonders reizvoll: mit stillen Badeplätzen, Bootsanlegern, kleinen Häfen und Orten wie →Gottlieben, →Ermatingen, →Berlingen oder →Steckborn. Doch es lohnt sich auch, Abstecher über den Seerücken hinaus zu unternehmen, zum Beispiel zur →Kartause Ittingen. Oder zur Kantonshauptstadt Frauenfeld mit dem Museum für Archäologie: Es birgt eine reiche Sammlung zum UNESCO-Welterbe und der Geschichte der Pfahl-

In Restaurant der Kartause Ittingen dreht sich ein riesiges Mühlrad, mit Wasserkraft angetrieben.

bausiedlungen (→Pfahlbauten), die überall im Thurgau und am Untersee zu finden sind. Das wertvollste Stück ist der Goldbecher von Eschenz, der als ältestes Goldgefäß Europas gilt. Ebenso sehenswert ist der archäobotanische Garten, der ebenso wie die Museen sogar kostenfrei besucht werden kann.

Auf der Thur, dem Fluss, der dem Kanton seinen Namen gab, findet immer am zweiten Sonntag im Mai ein Floßrennen statt: fantasievoll geschmückte Flöße mit riesigen Aufbauten werden unter großem Hallo der Besucher bei Bischofszell über Thur und Sitter gestakt. Seit dem 19. Jahrhundert heißt der Kanton im Volksmund auch „Mostindien". Der Spitzname bezieht sich einerseits darauf, dass schon im späten Mittelalter ausgedehnte Apfel- und Birnengärten angelegt wurden. Andererseits ähnelt die Form des Kantons dem Land Indien. Die Tourismusorganisation wusste das vor einigen Jahren geschickt einzusetzen, indem sie einen wahrhaftigen Inder, nebenbei gesagt einen freundlichen Gastronomen aus Konstanz, vor den Apfelbäumen posieren ließ. Plakate und Prospekte zeigten das witzige Foto. In jeder Wirtschaft bekommt man denn auch süßen oder sauren →*Most*, ein erfrischendes und gesundes Getränk. Zwei Wirtinnen aus Mammern entwickelten wiederum einen alkoholfreien Aperitif, gekeltert aus „Öpfeln" und „Truube". Diesen „Tröpfel" gibt es inzwischen in mehreren Sorten. Auch das ist typisch für den Thurgau: Der Kanton ist für seine findigen Tüftler bekannt.

Knackige Äpfel reifen überall am Wegesrand.

„Riegelhäuser" heißen die Fachwerkhäuser in der Schweiz. In vielen Orten sind sie noch zu bewundern, hier in Bermatingen.

Wangen

An etlichen Terminen im Sommer wartet der Historiker Helmut Fidler am Museum Fischerhaus (→Pfahlbauten) im Öhninger Ortsteil Wangen auf interessierte Teilnehmer. Seit mehr als fünfzehn Jahren führt er sommers durch das Dorf: auf den Spuren von Jacob Picard (1883–1967), dem jüdischen Dichter und berühmten Sohn der Gemeinde. Jacob Picard verstand es wie kein Zweiter, das Leben der Juden in den Dörfern des 19. Jahrhunderts lebendig werden zu lassen. Als selbstbe-

Mit dem Historiker Helmut Fidler unterwegs in Wangen

Das alte Rathaus beherbergt eine Gedenkstätte für Jacob Picard.

wusste und gebildete Bürger beschreibt er sie, aber auch als einfache Händler und Hausierer.

Wie eine Perlenkette reihten sich die Judendörfer entlang der Schweizer Grenze, nachdem die Juden von den Eidgenossen Anfang bis Mitte des 17. Jahrhunderts ausgewiesen wurden. Handeln durften sie zwar in der Schweiz, nicht aber wohnen. So lebte in Gailingen am Hochrhein, gegenüber von →Diessenhofen, eine große jüdische Gemeinde, genau wie in Wangen: 1865 hatte der Ort rund 240 jüdische Einwohner. Überwiegend im Unterdorf wohnten sie, die ärmeren in eng gedrängten schmalen Häuschen. „ ... in dem strohbedeckten Häuschen nahe beim Fluss, auf dem Dach wuchs Moos in pelzigen Wülsten, weil es immer im Schatten lag", zitiert Fidler aus einer Erzählung von Picard.

Die reicheren jüdischen Familien, wie die des Metzgers oder des Arztes, errichteten prächtige Bürgerhäuser, zumeist mit Walmdächern, die so gar nicht ins bäuerliche Dorf zu passen scheinen. Am Seeweg 27 baute Joseph Manes Wolf das erste steinerne Haus im Wangener Unterdorf. Nebenan ist heute der Campingplatz. Mit einer seltsamen Einfriedung, einem Portal, das nirgendwo hinführt. Hier, am Seeweg 26, stand bis 1938 die jüdische Synagoge, 1826 war sie geweiht worden. Ein Gedenkstein erinnert an das zerstörte Gotteshaus, das einst das Zentrum des regen Gemeindelebens bildete. Ein Stückchen weiter entlang des Sees kommt man vorbei am Bootsstüble Wangen, mit der „Kulturscheune" ein kultureller Treffpunkt und Bootsverleih.

Das Haus Nr. 60 in der Hauptstraße war das Geburtshaus Jacob Picards, das Alte Rathaus trägt die Nr. 35 und beherbergt eine Gedenkstätte für den Dichter, mit einer Hörstation als Kernstück. Dort können Besucher Geschichten Pi-

Der jüdische Friedhof, in einer Erzählung Picards als „der gute Ort" bezeichnet, liegt versteckt oberhalb des Ortes.

cards, aber auch einem Interview mit Dr. Hannelore König, geborene Wolf, lauschen. Frau König war die Tochter des Dorfarztes Nathan Wolf (→*Höri*), das frühere Wohnhaus mit der Praxis im Erdgeschoss liegt in der Hauptstraße 37. Nathan Wolf kam, im Gegensatz zu den wenigen anderen Überlebenden, nach dem Zweiten Weltkrieg zurück nach Wangen. 1970 starb er hoch betagt und wurde unter großer Anteilnahme der Bevölkerung oben auf dem jüdischen Friedhof begraben. Als „der letzte Jude" des Dorfes, wie es auf seinem Grabstein steht. Seine Schwester Selma hat ihn allerdings um ein halbes Jahr überlebt. Aber das ist nur eine kleine Fußnote der Geschichte.

Weihnachten

Leise, aber stetig fällt der Regen auf den mittelalterlichen Platz vor den bemalten Fassaden. Dutzende festlich gestimmter Anwohner sind in Stein am Rhein zusammengekommen, um unter den Regenschirmen gemeinsam Weihnachtslieder zu singen. Schülerinnen verteilen die Textblätter, sodass jeder mit einstimmen kann, und der prächtige Weihnachtsbaum glitzert dazu im Lichterschein.

Zur Adventszeit putzt sich die kleine Stadt besonders heraus, für die Kinder verwandelt sie sich in eine „Märlistadt": Liebevoll gestaltete Schaufenster zeigen Märchenszenen. Mal wird „der gestiefelte Kater" erzählt, mal steht „Dornröschen" im Mittelpunkt. Samstags und sonntags sammeln sich Groß und Klein um 14 Uhr am ersten Bild, um gemeinsam mit Carmen Marieni Gomez, der temperamentvollen Märchenerzählerin, durch das Städtchen zu ziehen. Zum letzten Mal führt sie kurz vor Silvester, und auch das Karussell auf dem Marktplatz dreht sich über die Feiertage hinaus: Bis zum 31. Dezember ist es in Betrieb, gratis zudem, ganz wie die Märliwegführun-

gen. Freunde des Mittelalters freuen sich auf den Mittelaltermarkt im Kloster St. Georgen, immer am dritten Adventswochenende wird er abgehalten.

Von einem Baldachin aus Lampen wird die Steinerne Brücke erhellt, ein besonders schöner Anblick hier am Ende des Untersees. Fährt man hinüber und folgt der Uferstraße auf der Schweizer Seite, kann man nach wenigen Dörfern den größten lebendigen Weihnachtsbaum am See erkennen. Hoch oben auf dem Hügel vom Schloss und Park →Arenenberg strahlt der Mammutbaum weithin sichtbar mit über 3000 Lichtern, gut 30 Meter ist er hoch. Etwa 1870 wurde er gepflanzt, einer von zahlreichen Baumriesen im ehemals königlichen Park Arenenberg. Louis Napoleon, der spätere Kaiser Napoleon III., wuchs hier mit seiner Mutter, Königin Hortense, auf – verbannt ins Exil.

Ein Logenplatz am See und ein idealer Ort für eine Weihnachtsausstellung: Im Schloss schmückt ein edler Baum das Vestibül, farblich abgestimmt auf die Streifen der Tapete. Entworfen wurde er von keinem Geringeren als Johann Wanner, dem „Couturier der

Mammutkugeln weisen den Weg zur Steiner-nen Brücke in Stein am Rhein.

Weihnachtsbäume" aus Basel. Im oberen Seesalon lockt eine Krippenlandschaft mit kleinen Heiligen aus Ton, den berühmten „Santons" aus der Provence.

Vom Arenenberg ist es ein Katzen-sprung bis nach →*Konstanz*. Der Weihnachtsmarkt ist überaus beliebt und wird von Jahr zu Jahr größer. Längst ist er über die Marktstätte, den zentralen Platz, hinausgewachsen, zieht sich am Hafen und am Ufer entlang, sogar ein Kursschiff der Bodenseeflotte wurde einbezogen. Am westlichen Bodensee dürfen die →*Dünnele* nicht fehlen, frisch aus dem Backofen natürlich. Bereits zu Konzilzeiten vor über 600 Jahren begeisterten italienische Bäcker mit mobilen Öfen die Besucher der Stadt mit ihren Brotfladen, wie Chronisten berichten.

Kunsthandwerk steht auf dem Christkindlemarkt in →*Radolfzell* im Mittelpunkt. Er ist bei den Einheimischen sehr beliebt, die nicht wie die Konstanzer vier Wochen, sondern lediglich vier Tage lang das Vergnügen haben. Traditionell findet der Markt am zweiten Adventswochenende statt, die Stände öffnen am Donnerstagnachmittag. Bis zum Sonntagabend wird der Marktplatz eng belagert, viele Vereine mit unzähligen Freiwilligen sorgen für die Bewirtung. Da schmeckt der Glühwein dann doppelt so fein, trinkt man ihn doch für einen guten Zweck.

Wein

Die massiven Torkel und viele Flurnamen, „an der Weinburg" in →*Radolfzell* beispielsweise, zeugen noch heute vom Weinbau rund um den Untersee. Jeder Bauer hatte seinen Weinberg oder zumindest drei Reihen an Reben. Im Torkel des Dorfes wurde ge-

Beate Vollmayer zwischen ihren Reben am Hohentwiel. Im Hintergrund die „Weinvilla"

meinsam gemaischt, gepresst und gekeltert, und so kam manch saurer Tropfen zustande. Der Torkel in Liggeringen mit seinen dicken Eichenbalken wurde inzwischen renoviert und die Dorfbewohner feiern darin fröhliche Feste. Besser so, denn die Lagen oben am →*Bodanrück* sind für den Weinbau weniger geeignet. Der einzige Weinbauer Radolfzells, Hans Rebholz, stammt jedoch tatsächlich aus Liggeringen und keltert im eigenen Hof seinen Wein. Seine Reben allerdings pflegt er in Bohlingen im →*Hegau* und bei Gaienhofen auf der →*Höri.*

Der feine Tropfen, der heute rund um den Bodensee gekeltert wird, wächst nur noch an bevorzugten Hängen: beispielsweise in Meersburg am →*Obersee,* wo die Sonne prächtig scheint und der See zusätzlich das Sonnenlicht reflektiert. Aus Meersburg ließ sich bereits Hermann Hesse sein „Stägefässle" kommen, das kleine Fass, das exakt unter die Treppe passte. Im Staatsweingut in Meersburg werden auch Trauben vom →*Hohentwiel* gekeltert, dem „höchst gelegenen Weinberg Deutschlands". Er hat die meisten Sonnenstunden, vul-

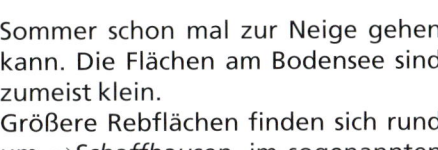

Sommer schon mal zur Neige gehen kann. Die Flächen am Bodensee sind zumeist klein.

Größere Rebflächen finden sich rund um →*Schaffhausen,* im sogenannten Blauburgunderland: Blauburgunder oder Pinot Noir heißt der deutsche Spätburgunder in der Schweiz. Das Geburtshaus von Hermann Müller, des „Vaters" der Rebsorte Müller-Thurgau, steht wiederum in →*Ermatingen* am Untersee. Besagter Wein ist eine Kreuzung aus Riesling und Madeleine Royale und wird am See heute frisch und wohlschmeckend ausgebaut. Eines der Weinbauzentren des Kantons →*Thurgau* ist der Ottenberg. Heute machen sich junge Thurgauer Winzer daran, neue Weine zu entwickeln: ohne Chemie und äußerst charaktervoll je nach Jahrgang. Winzer Michael Broger ist einer davon. Legendär sind seine Weinfeste Ende November, nach der Wümmet, wie die Lese in der Schweiz heißt. Zu kosten gibt es seine Blauburgunder und schmackhafte Würste der hauseigenen Wollschweine. Weinorte und Ziele rund um den gesamten See finden Interessierte auch unter www.weinregion-bodensee.com.

kanische Erde und tief wurzelnde Reben. Auch das familiengeführte Weingut Vollmayer, seit 2013 biozertifiziert, erzeugt wunderbare Gewächse am Hohentwiel und vermietet dazu Gästezimmer in seiner „Weinvilla".

Wein wird auch wieder auf der Klosterinsel →*Reichenau* angebaut. Müller-Thurgau und ein sanft schimmernder Spätburgunder Weißherbst, der so rar ist, dass er auf dem Weinfest im

Wollmatinger Ried

„Neuntöter, Grünschenkel, Rotmilan, Bekassine, Wanderfalke..." – Acht verschiedene Vogelarten, die man an diesem Tag im Ried antreffen könne, sind auf der Tafel angezeigt. Sie steht vor einer Bretterbude, die als Treffpunkt für die Führungen dient. Versteckt liegt diese hinter einem langen Zaun, der das Wollmatinger Ried vom benachbarten Konstanzer Industrieareal trennt. Denn schließlich soll das mit

767 Hektar größte Schutzgebiet am Bodensee vorrangig der Natur gehören, den Vögeln, Insekten, Echsen und Bibern und nicht den Menschen.

Hier am sogenannten Vogelhäusle starten die begleiteten Rundgänge: Im Gänsemarsch und ausschließlich auf den Pfaden geht es los. An einem warmen Septembertag haben wir das Glück, dabei sein zu dürfen, und sind überrascht von der Weite der Fläche. Außer unserer kleinen Gruppe sind nur zwei junge Leute zu sehen, durch ihre blauen Poloshirts als NABU-Mitarbeiter ausgewiesen. Sie erfassen bestimmte Pflanzenarten, so erfahren wir. Den Lungenenzian beispielsweise, der gerade wunderbar blau blüht, die Zypressen-Wolfsmilch und das Falkengras, das typisch für die Streuwiese sei. Nur einmal im Jahr, im späten Herbst, wird sie gemäht, wenn sich alle Pflanzen bereits versamt haben. Gezählt wird der Bestand stetig und akribisch, denn Dokumentation gehört heute zum Geschäft

Über Bohlenpfade führt der Weg durchs Wollmatinger Ried.

Orchideen blühen im Frühjahr und Sommer, Lungenenzian und Wolfsmilch im September. Hier der Lungenenzian

der Naturschützer. 267 Wildbienen- und Wespenarten, 330 Großschmetterlinge und etwa 300 Vogelarten zählt unser Guide auf. Aber auch 27 Arten von Heuschrecken und 50 verschiedene Libellenarten.

Tatsächlich kommt der NABU, der alleine in Baden-Württemberg rund 100 000 Mitglieder hat, aus dem Vogelschutz und war früher „stockkonservativ", wie selbst Eberhard Klein, Geschäftsführer des NABU-Bodenseezentrums, einräumte. Der BUND wiederum, in den 1970er-Jahren gegründet, galt den Naturschützern als „Linksradikal". Heute kooperiert man intensiv, auch bei den Radolfzeller Naturschutztagen, die jeden Januar stattfinden.

Zurück ins Ried: Inzwischen gehen wir durch meterhohes Schilf, über einen Bohlenweg hinüber zur Vogelbeobachtungshütte weit draußen in der Uferzone. Bei Hochwasser würde man sonst nasse Füße bekommen. In diesem noch immer warmen Herbst nach einem langen heißen Sommer hat sich der See erschreckend weit zurückgezogen. Ein Eldorado für alle Vögel ist er dennoch: „Ein Drehkreuz des internationalen Vogelzugs" nennen ihn die Naturschützer. Manche Arten nutzen den See im Frühjahr und Herbst als Zwischenstation, andere kommen zum Überwintern. Aber alleine die unterschiedlichen Entenarten aufzuzählen, würde hier zu weit führen: Löffelente, Kolbenente, Krickente … Das Informationsmaterial im NABU-Bodenseezentrum am Bahnhaltepunkt Reichenau (→*Seehas*) hilft weiter. Dort haben die Naturschützer seit Herbst 2018 endlich ein großzügiges Domizil, auf das sie zu Recht mächtig stolz sind. (www.NABU-Bodenseezentrum.de)

Links und Literatur

Die wichtigsten Links für Besucher:

Konstanz: www.konstanz-tourismus.de
Radolfzell: www.radolfzell-tourismus.de
Thurgau-Tourismus: www.thurgau-tourismus.ch
Tourismus Untersee und Hegau: www.bodensee-
    west.eu

Nützliche Links zum öffentlichen Verkehr:

Bodensee Ticket: www.bodensee-ticket.com
Schifffahrt: www.bsb.de
Thurbo: www.thurbo.ch
Verkehrsverbund Hegau-Bodensee: www.vhb-
    info.de

Orte und Sehenswertes:

Allensbach: www.allensbach.de
Arenenberg: www.napoleonmuseum.tg.ch
Halbinsel Höri mit den Gemeinden Moos, Gaien-
    hofen, Öhningen: www.halbinsel-hoeri.de
Hermann-Hesse-Haus. www.hermann-hesse-
    haus.de
Horn: www.hotelhirschen-bodensee.de
Kartause Ittingen: www.kartause.ch
MaxCine: www.orn.mpg.de
Most: www.streuobstmosterei.de
Otto Dix: www.museum-haus-dix.de
Reichenau: www.reichenau-tourismus.de
Schaffhausen: www.schaffhauserland.ch
Stein am Rhein: www.steinamrhein.ch
Wangen www.wolf-wangen.com,
    www.bootsstueble-wangen.de

Literatur:

Brauns, Patrick: Das kleine Buch der großen Berge. 50 Berge, die Sie kennen müssen, um die Schweiz zu verstehen. Midas Verlag, Zürich 2018

Eberwein, Eva: Edition I. Mia Hesse geb. Bernoulli – Gaienhofener Alltag neben Hermann Hesse. Förderverein Hermann-Hesse-Haus und -Garten e.V. (Hg.) o.J.

Eberwein, Eva: Der Garten von Hermann Hesse. Von der Wiederentdeckung einer verlorenen Welt. DVA Bildband, München 2016

Engelsing, Tobias: Sommer '39, Alltagsleben am Anfang der Katastrophe. Konstanzer Museumsjournal 2009

Engelsing, Tobias: Das Tägermoos. Ein deutsches Stück Schweiz. Südverlag, Konstanz 2016

Engelsing, Tobias und Reene, Anne-Katrin: Schlösser am See. Burgen und Landsitze am westlichen Bodensee. Rosgarten Museum Konstanz, 2012

Fidler, Helmut: Jüdisches Leben am Bodensee, Verlag Huber, Frauenfeld 2011

Freundeskreis Jacob Picard (Hg.): Jacob Picard. 1883–1967. Dichter des süddeutschen Landjudentums. Erarbeitet von Manfred Bosch. Wangen 2017

Gügel, Dominik und Egli, Christina: Arkadien am Bodensee. Europäische Gartenkultur des beginnenden 19. Jahrhunderts. Verlag Huber, Frauenfeld 2005

Hesse, Hermann: Jahre am Bodensee, Insel Verlag, Berlin 2010

Lenk, Peter: Skulpturen. Verlag Friedrich Stadler, Konstanz. 4. Auflage 2013

Overlack, Anne: In der Heimat eine Fremde. Das Leben einer deutschen jüdischen Familie im 20. Jahrhundert. Klöpfer & Meyer, Tübingen 2016

Picard, Jacob: Und war ihm leicht wie nie zuvor im Leben. Verlag Libelle, Lengwil 2012

Scheuffelen, Thomas: Hermann Hesse als Bauherr in Gaienhofen am Bodensee. Spuren 3, Marbach am Neckar, 2002

Siebenhaar, Hans Peter: Bodensee. Michael Müller Verlag – individuell reisen. Erlangen, 6. Auflage 2015 (aktualisiert von Doris Burger) und 7. Auflage 2018

Stadt Radolfzell (Hg.): Radolfzell am Bodensee. Die Chronik. Verlag Stadler, Konstanz 2017

Stadt Radolfzell (Hd.): Vom Marktflecken zum Mittelzentrum. Verlag Stadler, Konstanz 2018

Strauch, Cornelia und Tschirren, Walter: Untersee & Hochrhein. Oaseverlag, Badenweiler 2011

Suter, Peter J., Schlichtherle, Helmut u.a.: Pfahlbauten – Palafittes. UNESCO Welterbe – Kandidatur: „Prähistorische Pfahlbauten rund um die Alpen.", o.J.

DVD-Film:

Welsch, Marcus (Buch und Regie): Landschaftsgeschichten von Menschen im Hegau und auf der Höri. Eine Produktion von noirfilm. In Koproduktion mit SWR, 2009

Karten:

Rhein-Radweg. Teil 1: Von Andermatt nach Basel. Radtourenbuch von Bikeline, Esterbauer-Verlag, A-Rodingersdorf 2016

Westlicher Bodensee, F511, Freizeitkarte 1:50. Landesamt für Geoinformation und Landentwicklung Baden-Württemberg (Hg.), 3. Auflage 2014

Zur Autorin:

Doris Burger ist Sportwissenschaftlerin (M.A.) und Journalistin. Sie war Redakteurin bei Cosmopolitan und Textchefin bei Fit for Fun. Seit 2011 lebt sie in Radolfzell am Bodensee, ihrer neuen Wahlheimat. Sie schreibt für renommierte Zeitungen und Zeitschriften – über Kulinarik und Kultur, über die Region und das Reisen.

www.dorisburger.de

Inhalt

Umschlagvorderseite: Die Imperia, Figur von Peter Lenk auf dem Pegelhäuschen in Konstanz
Die Stadt Radolfzell, das Kursschiff auf dem Untersee mit Liegeplatz in Radolfzell
Radolfzell: Österreichisches Schlösschen mit Blick auf das Münster
S. 2/3: Blick vom Schloss Arenenberg Richtung Höri und Hegau
Fond: Blick nach Allensbach von der Insel Reichenau

Umschlagrückseite: Napoleonschloss Arenenberg im Thurgau
(alle von Doris Burger)

Fotos: Alle Fotos von Doris Burger
bis auf S. 44/45 Seenachtsfest Konstanz: MTK Achim Mende; S. 44, kleines Foto: MTK Chris Danneffel;
S. 46 Schloss Freudental von oben gesehen: Schloss Freudental; S. 69 Brücke zur Insel Werd: Tourismus
Untersee; S. 70/71 Untersee mit Stein am Rhein: Regio Konstanz-Bodensee-Hegau e.V. Achim Mende;
S. 78/79 Halbinsel Mettnau: Tourismus- und Stadtmarketing Radolfzell; S. 87 Mühlenwegmuseum:
Kuhnle & Knödler, Radolfzell; S. 106/107 Rheinfall: Schweizerische Schifffahrtsgesellschaft Untersee
und Rhein, uhr; S. 117 Regionalzug Thurbo: Bodensee Ticket; S. 120 MAC 2 vor dem Hohentwiel: MAC
Museum Art and Cars; S. 140 Autorenfoto: Petra Reinmöller

Grafik und Layout von Günter Pump, www.ppfotodesign.de
Kartengestaltung (S. 142/143): Günter Pump

Bibliografische Information der Deutschen Nationalbibliothek
Die Deutsche Nationalbibliothek verzeichnet diese Publikation in der Deutschen
Nationalbibliografie; detaillierte bibliografische Daten sind im Internet
über http://dnb.dnb.de abrufbar.

2., komplett überarbeitete Auflage 2019

© 2013 by Husum Druck- und Verlagsgesellschaft mbH u. Co. KG,
    Husum
Gesamtherstellung: Husum Druck- und Verlagsgesellschaft
Postfach 1480, D-25804 Husum – www.verlagsgruppe.de
ISBN 978-3-89876-652-4

Besondere Veranstaltungen

Hausherrenfest
in Radolfzell,
am 3. Wochenende im Juli

Nationalfeiertag der Schweiz mit
großem Feuerwerk,
1. August

Seenachtsfest in Konstanz und
Kreuzlingen, am 2. Wochenende
im August

············· Bahn